柯裕棻

浮生草

人間一渡

入夏之後，胡亂忙了一陣，等我能夠靜下來整理這本散文時，蟬鳴已不再喧騰，中元節將近，街巷都飄著香燭紙錢的煙氣。這是夏日尾聲的氣息，過了這個彼岸之節，喘口氣，人們就開始準備中秋了。

中元之後我到山上去，正午的山寺濃蔭寂然擁簇，靜謐又炎熱，日子亙古悠長，像青空下一聲孤單的蟬鳴。看這些稿子就想起寫它們的時候，彷彿才是昨天的事，親近得像髮茨緩緩沁下的汗水，那麼濡貼，怎麼，怎麼轉眼都成雲煙。

這些是近三四年來寫的文章，一部份是簡單的日常觀察，一部份是讀書寫作之事。儘管看來似乎截然不同，但它們確實是同一種生活，有些甚至是在同一天之內寫下的所見所思。

我看見自己尖銳的棱角收斂了，叛逆的羽翼彷彿剪除了。我百般不願意地，逐步將自己放手交給世事人情，日日在頹喪放棄與執拗不馴的矛盾中拉扯，終於被拋磨成一個看似圓融平靜的人了。

但是在這些文字的另一面，我仍然看見心裡軟陷的，偏執幽暗的那些，像熔岩一樣灼燙難以平息卻默默含著的意念。它們毫無保留地展現在關於讀書寫作的文章裡。我不確定是否我太無情，以致這些年的紛擾仍然無法動搖或改變我絲毫，或是我太冷淡所以不輕易釋放甚麼。我執拗如昔，只是終究學會了將苦惱、厭倦和熱情一起蓄放在心裡，不動聲色地活著。奇怪，以前竟然覺得這很難。

這幾年日子看似平靜，但也起起伏伏經過一些激流和漩渦，幸而都安穩渡過了。有些事已不堪聞問，亦有不值一哂的，當然也有一想起來就高興或惱火

的，簡單的喜怒。我常常覺得不論再怎麼安穩，若是一不小心有個閃失，就全盤皆輸了。人世是這樣的，方寸之下，就是地獄了（在中元節之後想這個，也實在太應景）。因此每見世間飲食男女山川興廢，眾女子妍媸各異，更覺幽美不可名狀。

書中關於日常生活與女子瑣事的文字，是從這樣的體悟而來。

一般而言，讀書寫作等事是文人的前台表演，而生活瑣事則為後台微不足觀的背景。但我怎麼看都覺得，寫日常瑣事的那些其實是生活的表層文字，它們工整而冷靜；有關讀書寫作的這些則非常熱切，是裡層文字。這些更貼近自我，更往內心深掘，它們其實非常私密。我以為我不輕易將心剜出，寫的當時我一點也不擔憂，如今湊在一起看，就有一覽無遺的危險了。

希望讀者也能如此理解這些文章，並且包容我又想太多了。

農曆七月的氣氛總是恐懼中帶著刺激，甚至是壓抑的歡欣。這個月我們時時提醒自己，須尊敬不可知，須與可怖的它者共存，須低首斂眉謹慎行事，真

心明白生命渺小無常。這是人鬼同途相互依傍的日子，人間此渡，誰的心裡都藏著一隻陰鬼。

此刻安坐著心平氣和翻看稿子，一切看似理所當然。可是仔細想想，這些時而冷靜時而熱切的文字真是難得——實在沒有比晴日靜好時回看彼時風雨更心平氣和的了。

這本書能完成，必須感謝兩年來江一鯉溫和堅定的督促與寬容，也感謝丁名慶敏銳清晰的判斷和討論。他們為這本書付出的時間和耐心，我愧無以報。感謝《中國時報．人間副刊》的楊澤先生和《文訊》雜誌的封德屏老師這些年的鼓勵，也謝謝《聯合文學》的王聰威先生。謝謝傅月庵、駱以軍、黃麗群在寫作上的支持。謝謝紀大偉，不論何時總是願意聽我胡言亂語。謝謝一起吃吃喝喝的朋友，你們最溫暖。

輯一 浮光

輯二 雨夜

輯三

躊躇不前的土星

輯四

過於遙遠的煙花

輯一

浮光

怎樣也找不著了。
我也不知道，究竟是不是自己的過度期待
而造成這種似曾相見的幻覺。

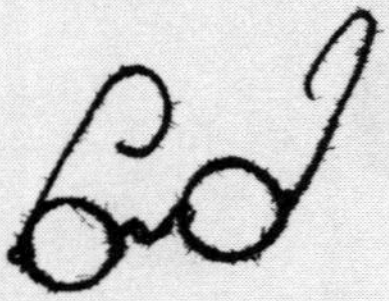

熱包子

包子舖就在人行道邊，店面很窄，一不小心，走快兩步就錯過了。

這一邊人行道上的商店全都不起眼，匆匆經過的時候，只知道這些舖子做小生意，卻很難說出是什麼生意。也說不上來是不是因為行道樹生得太密太蓊鬱，深宅大院的氣氛，將這一邊的人家與世隔絕了。總之呢，這一排樹連蟬都不吱一聲，即使是悶熱的夏天午後，還是清風徐徐綠蔭四合。

鑰匙店這樣冷淡低調也就罷了，包子舖也無聲無息的，沒有肉香四溢，也沒

有蒸騰的白煙，微暗的店面陰涼涼點兩盞日光燈，幾隻蒸籠偃旗息鼓癱在一旁，地板和八仙桌上散著麵粉袋，白麵粉任意灑在地上，像霉。包子舖應該要熱血沸騰滾滾生煙，這舖子老是這個與世無爭的樣子，老闆娘整天看韓劇，就不免令人擔心它的未來。

一個女孩子走出辦公大樓，撐著米白滾橘色花邊的陽傘過馬路來。陽傘透光，在犀利的陽光底下像是一盞加了濾片的柔光燈，罩得女孩粉粉蒸蒸，無限寵愛。到了路的這一邊，收了傘，被這邊騎樓的涼氣一逼，颼地冷了，就少了遐想。

女孩有一張平淡的臉，淡眉淡眼看不出表情。小小的褐色鯊魚夾在腦後梳了公主頭，及肩頭髮沒燙沒染，整齊樸素像個高校生。看那樣子，是剛剛下樓之前還梳整過。她穿著連身淺黃的痲料洋裝，又穿一件七分袖的單扣白色薄上衣。那上衣想必是放在辦公室裡，平時披在椅背上，冷氣過冷時防著涼，外出也防曬黑。手上拎著米色格紋水餃型小提袋，那裡面大概是放手機、錢包、鑰匙，可能還有一包面紙。她的小腿極白，我以為她穿絲襪，但其實沒有，白色低跟漆皮魚口涼鞋露出小小的腳趾，又白又淨的彷彿不知道什麼是

塵埃。全身上下仔仔細細打點過，是個好人家的女兒樣。我想她這樣細緻，也許是個祕書。

她走過包子舖，站定，對著一個正在停放機車的男孩子微笑。這男孩平頭，初出社會稚氣未脫的圓臉，身上的襯衫和西裝褲裝扮一看就知道是剛剛開始工作的年輕業務員。這兩個人約廿歲出頭，大概做著大學畢業後的第一份工作。

女孩半笑不笑說：「怎麼有空跑來呀？幹嘛叫我下來？」

男孩說：「不行喔？我剛好經過這附近啊。」

女孩說：「我在上班耶。」

男孩說：「不管。你陪我吃個包子再上去。」

女孩皺眉說：「熱死了你還吃這個。」

男孩走過去買了兩個包子，說：「我喜歡熱包子。」

她站在後面等，男孩買了，原地咬一口，結果包子只是溫的。男孩就抱怨了：「什麼嘛，一點都不熱。」

女孩笑：「你每次都這樣。每次都是溫的，每次都要買來吃吃看。」

這男孩嘻嘻笑著，大言不慚說：「我哪裡是為吃包子，還不是來看妳。」

女孩便斜斜地似笑非笑瞪他一眼，眉眼之間有了情感，原先非常平淡沒個性的臉忽然間狐媚了起來。待要開口說什麼，又沒說，只是把那收起來的陽傘輕輕觸了男孩的肩背一下。

然後男孩站著吃包子。女孩一邊等，一邊笑，看著別處，並不理他。

男孩又說：「我來看妳妳不高興啊？妳比包子還溫。」

女孩又瞪他一眼，這一眼略略有嗔意，說：「我知道你嫌我。那你還來做什麼？」說完便把眼睛瞇著看遠方，側頭，噘嘴。

他沒有立刻回答，自顧自嚼了幾口，包子吞下之後才說：「妳這問題好笨喔。」

女孩也沒有再說什麼，從小提袋裡拿出面紙來給他擦嘴。

我想這包子哪裡是溫的，實在太熱，我聽得心都要化掉了，便走開了。

幾分鐘的小事而已，一整天想到就要笑。

奶油麵包

麵包店已經快要打烊了，我是最後一位客人。後面烘焙坊的年輕麵包師傅已經除去白色的帽子，鏗鏗鏘鏘把大烤盤堆疊起來，那是歡欣鼓舞迫不及待的，自由的聲響，簡直像小孩子放學收書包似的。

櫃檯邊的女孩很親切地指著麵包對我說：「這裡面是，庫力姆。」她講「姆」的時候，嘴唇略略噘起，因此重音便落在最後的短促音節。

「庫力姆」是日語的奶霜之意，但是這個詞彙在台語裡講多了，聽著就像是

台語字。我知道她指的是某種淺黃色的、涼涼軟軟的奶霜。這是一種相當普遍的圓麵包種類，淺褐色發亮的表面有一圈蛋黃色的螺旋紋作為標記。這種麵包在國外從沒見過，我想也許是日治時代留下來的東方化的西點類型，像紅豆麵包一樣。

女孩非常友善地笑著。她的年紀實在是太小了，看樣子還在唸高校，年輕得不知道這種麵包恐怕是從她的祖父母時代就已經普及了，所以還這樣笑吟吟大費周章地對顧客解釋。

這家麵包店的女孩制服過於可愛，是仿漫畫造型設計的。黑色小高領洋裝蓬蓬裙，外加白色的圍裙，荷葉邊，頭上還帶著女僕小帽，所以這麵包女孩就像是從少女漫畫裡走出來的人物。她的臉也非常適合這個裝扮，白泡泡圓滾滾的，小鼻小嘴，大眼睛，很清潔地素著臉。燙捲的茶色頭髮有兩小綹從白色女僕帽兩邊垂下，後面的頭髮倒是乖乖地盤了起來。

她非常適合做一位麵包女孩。整個人麵包樣，粉團臉，手臂也白嫩得像一節待發的麵團，看上去油亮肥軟。低下頭去夾麵包時，下頦略略擠出一道雙下

巴的痕，一個上揚的弧線小溝，小小的像笑容一樣，這也令人感到甜美可喜。或者是因為麵包店的燈光太柔和，佈出了甜嫩的陷阱，使得任何事物在這種光線底下看來都散發奶油的光澤，飽滿而且秀色可餐。

女孩又指著紅豆麵包說：「這個是本店招牌喲，只剩兩個了。」那紅豆麵包看起來也乖巧光滑得不能拒絕，像是冬天午後規規矩矩泡一杯熱茶在書桌前看書的點心。

年輕的麵包師傅從後面走上前來，等不及似的說：「妳等下要去哪裡？」

女孩說：「沒有要去哪裡，回家啊。」

師傅又說：「要不要我送妳啊？」

女孩頓了頓，沒有回話，還是認真笑著對我說：「兩個紅豆麵包和一個庫力姆嗎？」我說對。

師傅又急躁說：「欸妳有沒有聽見啊？」這是一個非常好看的年輕人，除去帽子之後，看上去也是漫畫男主角的類型。這兩人倒真是天造地設的一對。

女孩繼續笑著幫我結帳，沒答話，規規矩矩做著份內的事。

那年輕師傅在後面作勢空踢她一腳，女孩於是回頭斥責他：「欸，你實在很幼稚耶！有客人還這樣沒禮貌。」師傅有點尷尬，礙著我在一邊，不好說什麼，神情顯得落寞，可是又不甘，竟然脫口說出：「胖妹。」

唉呀，我心想，糟了，沒有哪個女孩子聽了這話心裡會高興的。麵包女孩倒是不疾不徐，慢條斯理回話說：「什麼胖妹，你是知不知道麵包的日文就叫作『胖』啊你？」

師傅故作姿態乾笑說：「是喔，學了日文就整天愛現。」單手轉著廚師帽，臉上默默露出了受傷的表情。

女孩對我說謝謝光臨之後，笑著瞪了他一眼，立刻換語氣，嗲聲對他說：「好啦，你別生氣啦。那你要等我一下下喔。」

這也許是一個非常上進的女孩子和年輕麵包師父之間短暫的愛情。這麵包店

真是不得了，兩個年輕人之間有無盡的青春故事，只要有恰當的劇本，就可以拍偶像劇了。

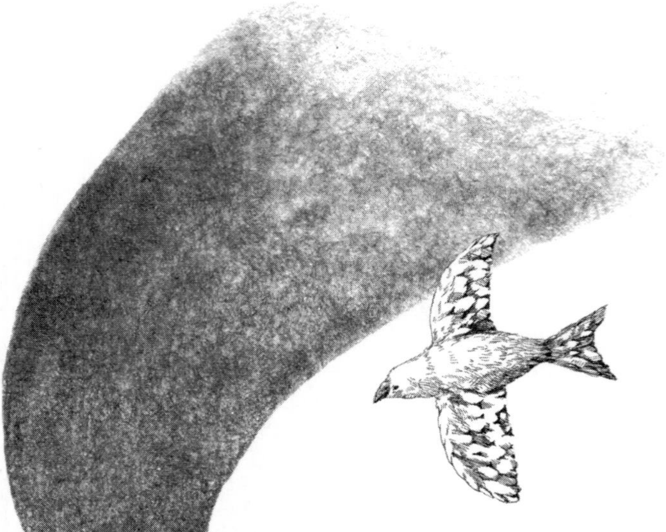

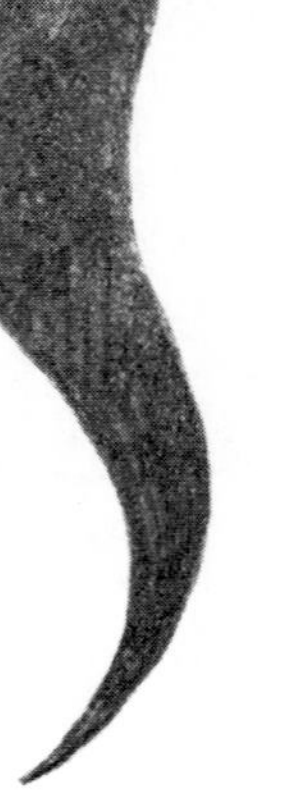

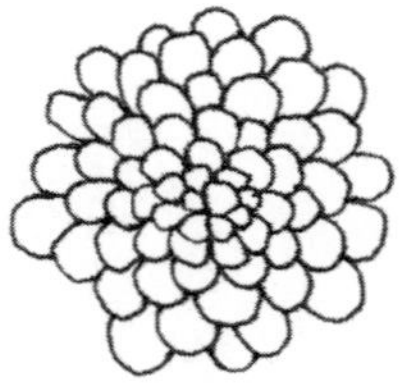

夕鳥。

黃昏空中一隻碩大的飛鳥展翅盤旋，叫聲響徹晚霞。

路人都仰望，看它為禽鳥重申了天空的版圖。

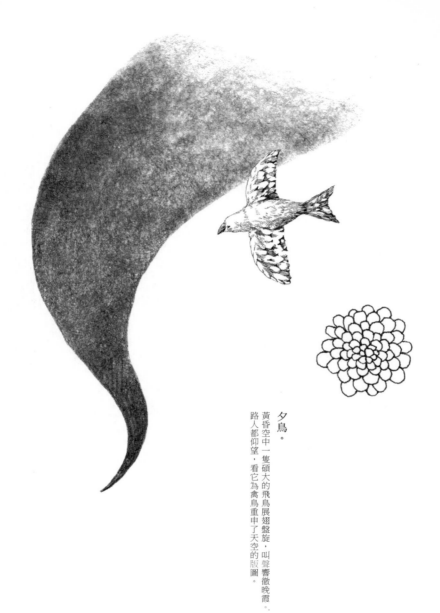

蜷曲的旁觀者

讀書的時候，人既是將自己蜷曲起來，進入一個封閉而完整的狹小世界，同時也將自己拋擲到一種難以言喻的浩瀚之中。在文本的時空裡，完全投入的讀者成為奇妙的貝類，他暫時將自己藏匿起來，任由文句的轉折、標點的停頓、文字和意象的空白與滿溢將他扭轉、填塞、拉扯進入一個光滑細緻而且深邃的天地之間，他暫時忘卻自身原有的形狀，成為文本揉捏的對象，他為文本形塑，意義依附他而流動，他閱讀的起點與終點是整個故事敘事結構的決定點，他身為讀者，暫時棲居文字之間，成為意義的演繹者。

這蜷曲寄居於虛構時空的讀者也是一個面對嶄新宇宙的人。在閱讀的過程中，他暫時使自己成為他人，成為作者，他讀了，而且也寫了。作者的文字在他的眼裡和心裡重新書寫了一遍，以他喜好的方式，以他願意的速度。在這過程裡，閱讀使他提升，讓他離開自己和世界原有的樣貌而重組，他看見了被自己遺忘的過往，以及幻想，他更在這文本的地基之上築起他自己生命的經驗，將這些文字納入未來回憶的一部分。它們與他自己的生命交織，與此時此刻窗外的冬雨和寒冷交錯，也和至今為止他能夠憶起的某部分經驗重疊，而這召喚意義的過程又釋放了這麼多他自己從未明確感知的情緒，深入他從未找到恰當表述方式的那些痛處。他像貝類那樣打開自己的縫隙，讓書本的內容像海水一般滲進他的世界裡，改變他的溫度，他也在閱讀時吐露了自己深藏的珍珠，或是渣滓，將心子裡磨著他的那些泥沙，於閱讀時，重新淘洗一遍。

因此，讀書的時候，讀者是冒著多大的風險呢，他讓自己進入陌生的異域海洋，讓他人的夢想和言語包覆自己，並且向他索取情感和時間，他也許會流淚，也許會憤怒，他可能大笑或唾棄，他也可能失望透頂，擲書長嘆。他也許終生無法忘記。

讀書的時候，一個人既是參與著這封閉宇宙的創造，也旁觀著自己的改變。

當然，一個讀者也可能在閱讀的時候作夢，作著連作者也無法想像無法控制的白日夢。讀者也會任意停頓，任意在句子的中途分神，去喝一杯水，打一通電話，吃幾片餅乾，回一封電郵，將文字的餘韻帶入他的日常言談或通訊裡，或者就這麼和著食物吃了進去，給那飄忽的意義添加一點實質的氣息和口感。又或者，他就真的睡著了，並且在睡眠裡繼續書中未竟的奇想，將文字的意義化成朦朧的夢境，與他壓抑的焦慮和慾望交纏在一起——這是多麼透徹的閱讀經驗，臨睡前讀見的文字進入了潛意識，直接在底層作用，在連作者和讀者都無法控制的所在，以作者和讀者都無法預知的方式，發生了撞擊。然後，他醒來的時候，就輕易地，忘了這個夢。即使他還記得片段，他也只是想：「噢，我夢見了這本書。」

這是文本開放的終極邊界，它完全地被接納，被改造，自在地與他人生命中最深刻的部分融合，成為一個祕密的鍵紐，或是一個釋放的出口，並且不為任何人察覺，甚至連主角都忘卻了此事的內容，無聲無息，無影無蹤，彷若空氣之於我輩，彷若海水之於鱗族。

每當我醒來，發現我夢見了前一天睡前看的小說，我總是訝異於這不自覺的延伸閱讀。即使是故事中不重要的語句或段落，也可能成為夢境中重要的線索，我在夢裡擷取書中的隻字片語，甚或只是一種感覺，並將它們轉化成為自我的一部分。我既嘲笑我自己的荒誕，我更不解，為什麼會在一個看似平庸的轉折裡失足落入意義的陷阱。我以夢者的昏昧，閉著眼，凝視文本，在這混沌不明意義難解的畸零時刻，我的神智與身體皆蜷曲起來，進入文本的罅隙，我看見在自己裡面的微小的宇宙，睡前的那個故事給予它更新的機會，於是在夢裡我將那本書重寫了一遍。

我曾經夢見睡前讀著那本書的某一句話，夢裡出現的文字宛如魔咒，每個字都具有奇特的力量，它們如此珍貴而強烈，我在夢裡反覆告訴自己，記得它們，記得它們。我又作著夢，我又知道自己正讀著這個夢，我旁觀我自己。然而，令人惱怒的是，這些於夜間閃閃發亮的字眼在清醒的天光下想來多麼可笑，多麼平凡無奇，馬車成了南瓜，黃金成了鐵，鑽石成了灰燼。在夢裡神聖如神諭一般，為之亡命在所不惜的一句話，醒來之後，就是一個沒頭沒腦的句子罷了。

然而，也只有在理智無法解釋的範疇裡，語詞的力量才能夠毫無保留地開啟，**它不僅僅是結構和邏輯，它也是詩與直覺**。

（寒假某一天，讀加斯東・巴舍拉的《空間詩學》，當晚在夢裡見到斜體字的這句話。醒來後寫了這篇。後來翻遍全書，沒找到這句話。）

軟弱。

夜半有人在遠處咆哮如獸。我窺見心裡陰暗角落的火花。

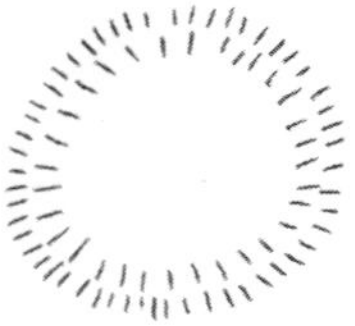

浮光

圖書館的陽光看起來非常永恆，因為書冊有頂天立地的脊樑，它們都在脊樑上寫了自己存在的理由，名正言順，儘管歲月滄桑，也不改其志。

少年男女大概受到這樣堅定安穩的盟誓感動，總喜歡在這裡談戀愛，任何年代都一樣。

有時這些青春的卿卿我我和趴在桌上流口水睡著一樣忘我，那種旁若無人的自在與黏膩使人不安，倒也不是因為有礙公共觀瞻這樣堂皇的理由，而是因

為眾人都知道，他們一旦清醒過來，看清自己的樣子，一定也是感到難為情的。

其實圖書館有陽光直曬進來的角落不多，因為書是曬不得的，那些靠近窗子邊緣的架上書僅僅是沾了一點陽光的邊，也都泛白了，像是一旦見了光就破了光陰封存的魔咒，就難擋歲月的洗刷。

靠窗的位置都是閱讀區，坐在閱讀區的女孩子也總是想辦法躲在陰影裡，躲太陽，也像是在躲光陰。

一個男孩子支頤斜倚在閱讀區的桌上，一小截陽光曬著背脊，奶油色的毛衣在陽光下看起來很暖。這是期末考週寒流來襲的冬日早晨，圖書館來來往往的都是面帶倦容的學生。他不斷打哈欠，眼神渙散看著攤開在桌上滿滿是數學公式的課本，像是看著一張無聊的廣告傳單。

他維持同樣的姿態許久，奶油色的毛衣像是要被陽光給曬融了。

後來，一個長髮女孩子走過來，男孩就忽然醒了，他把旁邊椅子上佔位置用

的背包拿開，讓女孩坐下。那是曬不到太陽的角落位置。

女孩很高興：「你怎麼知道要佔這個位置？」

男孩說：「我當然知道。」

女孩坐下來，問說：「你考得好不好？」

男孩沒說話，只是聳聳肩。

女孩說：「怎麼辦，我考得好糟喔。」說罷，雙手擱在桌上，整個人趴著，面對男孩，臉上卻笑得很開心，一點也沒有考不好的模樣。男孩也順勢趴在桌上，面對她，笑得非常迷濛陶醉。

陽光一點一點退出男孩的背脊。光線中有微微的浮塵向上漂浮。兩人維持這樣微笑對望的姿勢不動，也不依偎在一起，僅僅是手在桌上互握著。

從那笑容渾然忘我的程度看來，他們一定考得，非·常·糟。

啊這堅定的時刻。儘管這不是地老天荒的時代，儘管情愛只是一種雲霧蒸騰的說法，信念也不長久。儘管。

冰甜

暑夜的冰店熱鬧極了。

吃冰是簡單小事，卻能使人不自覺地快樂喧鬧，吃剉冰尤其如此，即使是簡便隨意的清冰，只要在冰店裡坐坐，再黏膩濕熱的夜晚也變得像冰花那樣燦爛飛濺了。剉冰機剉出冰花的唰唰聲聽起來興高采烈，整晚不停。那是歡慶暑假的聲音，沁甜而且刺激。我想也只有這個機器，儘管發出震耳欲聾的鑽鑿聲，大家卻仍由衷地感到愉悅。

我多數的時候都吃紅豆冰，我喜歡白花花幾乎滿溢的碎冰上，潑啦澆上一大匙黑糖水，盤缽裡的小冰山霎時甜滋滋的凹陷一小塊，熬得透爛的紅豆膏再毫不吝惜地堆上去，乳白的煉乳再淋上去，緩慢地形成熱帶高山覆雪的樣子，又冷又甜。冰堆上的紅豆看起來那樣晶瑩肥軟，煉乳濃香，鐵湯匙一匙一匙將那冰鏟勻，沙沙沙，成了淺豆沙色的冰沙，清脆豐饒的夏天。

我和朋友在店內坐著，冰都吃完了還佔著桌子講話，無視於在店內尋找座位那些人的目光。隔桌一對年輕情侶一人一隻湯匙，緩慢而纏綿地同吃一碗冰，彷彿兩人一口口舀著吃的是今後的人生。

另一桌三四個十幾歲的女孩子吱吱喳喳分著吃一大缽鮮甜的芒果冰，興高采烈地討論剛剛看的電影情節。她們的臉也像芒果那樣飽滿潤澤，眼神發出濃烈的青春的香氣。

有不少退休年齡上下的男女相偕來吃冰，他們太親密不像夫妻，又太公開不像外遇，他們也不像好朋友，因為是刻意打扮過的。也許是各自波折之後的晚春戀情吧。他們找位置非常積極，而且，畢竟是見過世面的人，他們就不

去打擾那些十幾歲的孩子，而是輪番地在我們桌邊徘徊，使我和朋友都坐立難安。

朋友說，哎他們一定以為我們是一對怨偶在這裡浪費空間吧。我笑說，才不，他們一定是一看就知道我們甚麼都不是。

待我們終於起身離去時，一位約我父母年紀的女子立刻從店門口敏捷走來，燦爛地對我們說：「哎呀我們來得早不如來得巧啊，真是太好了。」說著就伶俐動手清理我們的桌面。她身著淺金色針織上衣和白色七分褲，腴白好命模樣。稍遠一點站著她的男人，很普通的樣子，臉上有深刻的滄桑線條，看得出他曾經相當辛勞，可是如今決心要好好整頓自己（或者是她整頓了他），他頭髮染過了，襯衫看來也是新的。女子招手要他過來，滿心歡喜笑著對著他說：「你看，我們運氣真好。」

他們如假包換的在熱戀。因為他們並非真的運氣那麼好，一來就碰見一張空桌。半小時前我就看見他們來找過座位了。儘管他們的過程曲折了些，也唯有在熱戀的人眼中，一切的阻礙、延宕與等待，都這麼甜。

在細節裡

常聽說「魔鬼藏在細節裡」，我只知這是英語俗諺，不知是誰的名言。這話是提醒我們，重點經常隱而不彰藏匿在細節裡，若是不察，很可能被它悄悄吞噬了。

過去這一兩年來，我大半的時間都是在枝枝節節的資料堆中度過，反覆翻閱一些從各種資料庫公文檔和刊物合訂本中印來的資料。我做的是電視文化史的研究，所以這些資料都是與消費民生相關之事，瑣碎而凌亂。其實這些東西說是「史」都太青澀——還不滿一百年呢，算是相當晚近的，而且還是二

戰之後，又不是重大政策或法規，說是「歷史研究」，總有一點心虛，覺得這難以服人。這心情像個專做涼拌小菜的廚子，不敢大聲說自己會做菜。

在這些五花八門的資料中翻找的時候，不得不感嘆，傅柯的系譜學實在是一門議論比執行容易的方法。系譜學強調的是去發掘、講述一些被遺忘或是被抹除的底層事實，從細微處發展小歷史。這個史觀質疑大歷史的代表性：沒有哪一個版本的歷史不是某個人坐在桌子前將一些資料拼湊在一起，以完成一種看似客觀說法；沒有哪一種官方的歷史資料是渾然天成，完全不需假人手收集取捨、刪節或編纂。

大歷史的論述雖然看似坦蕩蕩，但它簡略的架構難以支撐與之相悖的解釋和記憶，它經常以權力書寫者的位置作出涵蓋一切的解釋，有時甚至抹除異己事件的存在與意義。當然，反過來說，小歷史的敘事紛爭沒完沒了，細碎而無代表性，總是在斷簡殘編中寫片段的史事，它不作全面的解釋，而是在片面的說法中對權威正統的史觀提出質疑，並且拒絕沉默。系譜學的小歷史書寫的立場正是要對抗一統江湖的官方解釋。

然而這麼說實在太漂亮也太堂皇，太具有使命感了。而且恐怕也太樂觀了。

我經常面臨的難題是，我們這個社會如此倉皇，即使是官方版本的電視歷史也簡陋得令人瞠目，因為它非常草率，幾乎空無一物。

電視文化的發展雖然晚近，而且看似五花八門，電視產業又是當時政府的重點發展項目，照理說應該有不少資料受到完好的保存以彰國威，至少，這些都是科技發展的事蹟。然而實則不然，此類相關文獻資料已經整理保存者驚人的少，少得令人疑惑：是否這個媒介本身的特質便是遺忘？是否當時政府對於它自己的所作所為有一種一切均屬機密的藏匿焦慮，以至於它恐慌地認為任何文件都必須滅跡？或者，是因為當時的人對於記憶的保存、歷史的收藏漫不經心，以致庶民生活的細節在他們眼中沒有存留的價值？

於是我便時常坐困愁城了。雖然是這麼近代的事物，湮滅零散的狀況也許不亞於戰亂。有些時候須查閱的卷帙浩繁，政令法規瑣碎，府會紀錄散佚，統計數據所言不明，民間資料斷簡殘編，後人研究郢書燕說，經常膠著數月一無所獲。我會坐在舊書的塵灰之間，茫然不知道下一步在哪裡。有時候在圖書館翻了一整天的資料，印了數百頁，後來卻完全用不上一句話。有時又恍

然大悟發現，原來以為不重要所以沒印下來的資料，其實很重要。或是，記得曾經在哪個刊物上見過的文章，回頭翻找，卻怎樣也找不著了，我也不知道，究竟是不是自己的過度期待而造成這種似曾相見的幻覺。更有些時候，我會被奇特的執念盤據，我總覺得應該找到但是卻亡佚的那一筆資料一定是最有用最具解釋力的決定性資料，然後我便如同一條焦慮的小狗，徒勞地繞著那不存在的資料蹤跡亂跑。

這些都叫人氣餒，遑論那些圖書館電腦上標示「在架上」，但其實已經被誰藏在某個不知名的角落甚至夾帶盜走的書；或是那些非常迫切需要偏偏已經被人借出外加三個預約，到手之日遙遙無期的書。或是，該書全台唯一館藏就是此刻我所在的這個圖書館，驚喜之餘卻發現，該書狀態「下落不明」。以及，某書乖乖的在架上，但是最重要的那幾頁已經——被。撕。走。了。

以及其他的技術細節。從資料庫抓取的文件影像檔過大，持續下載導致電腦當機。印表機過熱導致不斷卡紙。刊物合訂本過厚導致影印困難。印的時候忘記寫出版日期以致不知手上資料的出處或是年月。有人問，為什麼這些事不交給助理去做？但是這種研究的研究者必須確實感知時代細微的刻痕，所

以除了讓助理去印之外，自己也必須處理一部分。更何況，助理也是學生，是來唸書的，不是專門註冊來為誰作服務的。

這些都還是花時間就可以克服的難題。時間無法克服的難題才真叫人著急，特別是看了一大堆彷彿有用的資料，覺得應該可以動筆了，可是這些資料卻總是無法組成一個有說服力的論點，它們有些看似毫無關聯，像野鴨那樣四散亂飛，有時甚至相互牴觸。這些事件都確實發生過，但我無法生出一個一致的說法解釋他們的因果關聯，可是我必須有說法，因為我是寫者。

此時，那隱藏在細節裡的惡魔就悄悄出現了，它的誘因非常迷人——只要忽略某些數字，更改某些詮釋方式，刻意避開某些說法，事情就容易多了，文章看起來會較具說服力，論點也會簡潔明白，一切會比較平順——只要，只要，只要忽略一些棘手的細節就好了。這是不小的考驗，這考驗十分機詐，因為筆在手上，資料也在手上，如此這般或如此那般地寫了，無人知曉（恐怕在乎的人也很少），又如何呢。於是我明白了傅柯所言的歷史的詭計。

小歷史總是期期艾艾的，無法完整講述而且多方纏繞，因為它不會為了追求

一致而抹除差異，因而研究者總是面臨自己的說法終究也將是斷簡殘編的結果。這個心魔比什麼都難克服。面對四處潛伏的鬼魅細節，唉，傅柯的系譜學果然是一門議論比執行容易的方法。

不過，反之亦然，神蹟一樣也可以藏在細節裡——一個小小的祕密的神諭，在細節裡對我閃耀，我就能獲得解救。

有幾次我整天在圖書館裡亂爬，一磚一磚的翻老舊的期刊合訂本，大量調閱已經撤架的政治文宣出版品，搜尋早年的經濟數據資料，卻總是徒勞無功，猶如大海撈針。

正當我絕望地兩眼發昏之際，突然發現多年前某個研究生曾經處理過相關問題，並且踏踏實實地把當時他能找到的資料作了初步整理，鉅細靡遺寫在他的論文裡。我的內心油然產生敬意——也只有研究生可以如此完全將人生的全部力量投注在這樣一件事情的細微線索上，細細爬梳整理，默默地寫成一本論文。我想這研究生當時也許不認為有誰會對他的論文特別感興趣，也許他畢業之後徹底厭倦了這個無聊的遊戲，找了一個不相干的工作另起人生。

但是，他當年整理的一個表格，或是他當年找到的一條書目，對此時此刻的研究者而言真是如獲至寶，一個瓶頸因而突破了，一段論述因而展開了，一個不起眼的證據突然充分現身了。也許這位研究生的論文最後僅僅化成一條參考書目，但是他的貢獻真是無與倫比。我常常想，人們大概永遠都想不到，在某個時候某個地方，再怎麼冷僻的主題也一樣有人對它感興趣。

誰的研究不是從一個深具啟發性的參考書目開始並完成的呢？誰的研究不是與其他研究的對話和辯論呢？神蹟也一樣在細節裡。

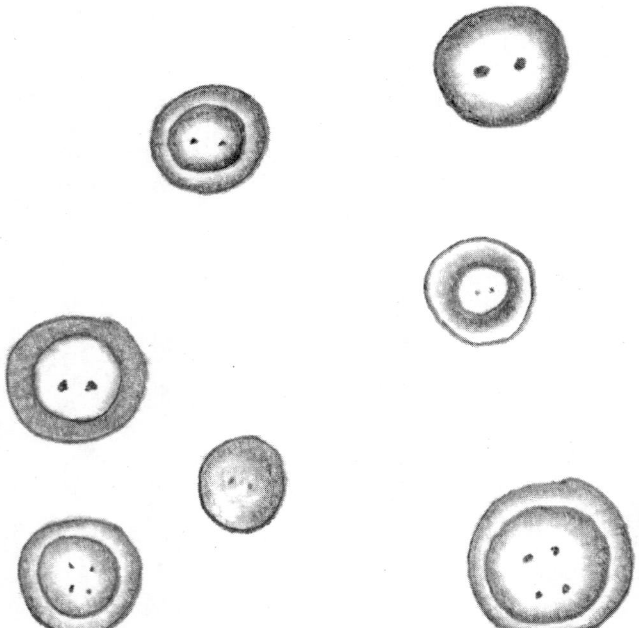

兄弟

夜市人生酣暢淋漓，任何虛浮矯作的身段都撐不了多久。哄騙和吹牛的人已經說了一萬次，每天以高分貝的擴音器叫囂，因此他真心相信他的價錢最便宜。聽的人皺眉翻揀兩下，嗆說這太貴了，頭也不回地走開。人浪翻滾，說的和聽的都沒有遮遮掩掩的餘地。大家這麼赤誠以對，也算是前世修得的緣分。

我以為這樣的日子是冷硬的，短兵相接的現實，它不會回頭，也不會手下留情。

廿四小時營業的意麵店就在夜市的入口，不論何時都有人揮汗吃麵。入夜之後的晚餐時間更是人聲鼎沸，騎樓兩旁便出現了許多賣衣物首飾的攤販。麵店邊上有個賣梳子的攤販不斷對人群說：「小姐看一下梳子嘛小姐我有這麼醜嗎看我一眼啦我也是有自尊的小姐我受到很大的打擊了我好難過喔小姐。」他將這自嘲的呼喊說了一遍又一遍。說著說著自己都笑了，因為誰也沒有看他一眼。

我和朋友在騎樓邊好不容易霸了兩個吃麵的座位，才剛坐定，又聽他喊：「生意好難做日子好難過小姐小姐誰都不理我這梳子好難賣喔。」我們偷偷笑著，但都故意不去看他，他彷彿知道，故意喊得更響，一副看我們何時會回頭看他的樣子。

突然間騎樓外馬路邊有人大聲對罵，是兩名年輕男子，一個非常壯碩，臉色褐黑，著黑色T恤，另一個又高又瘦，面有菜色，著深紅T恤。

壯黑的這個氣急敗壞將安全帽往地上狠狠一摜，以響徹整條街的氣勢大喊：「免講這些五四三啦，幹！有種來拚輸贏啦！」

瘦弱那個手足無措牽著機車，惶惶然四顧張望。周遭的人車全部迴避退讓，擾攘的夜市立刻空出一塊地來。我和朋友也放下筷子起身觀望——萬一他們摔砸起來我們就要閃人了。騎樓底下的食客和攤販全都緊張屏息看這兩人的動靜。

壯的這個在原地高聲叫罵，瘦的那個停了機車，慌張地往路口跑去，但不知怎地，跑了幾步，又昏昏的走回來。壯的這個一邊叫罵髒話一邊拿起手機打電話。

梳子攤販低聲說：「喔呵喔呵，要烙人了要烙人了。」

那瘦子似乎不能決定要不要趁機騎車偷跑，此時壯漢忽然迅速將那瘦子的機車嘩啦摺倒，指著他鼻子吼：「你別想溜，大家拚輸贏啦！你敢否！」又指著他自己的機車後座說：「你給我坐上來！找所在拚一個輸贏啦！幹！」

瘦子顯然六神無主，嚇傻了，竟然真的坐了上去，那壯漢隨即油門狠狠一催，一溜煙就載著那瘦子走了。

騎樓底下所有人面面相覷，我們回過神來，便發現自己成為坐視暴力不管的旁觀者。有人默默走過去，亡羊補牢地將那摔倒的機車扶起，牽到路邊停好。

周邊人潮往來很快就換了一批，沒有人記得方才的事。我和朋友徒然地討論：「那瘦子應該跑掉的，為什麼要上那人的車呢？這樣不是很傻嗎？不知道載到哪裡去了。」「他那麼昏，一定打不過胖的那個。」

我們這麵還沒吃完，就看見方才叫囂的黑衣壯漢晃悠晃悠的，從騎樓另一邊走來，一屁股坐在我們旁邊的小桌。朋友詫異說：「啊他這麼快就打贏了？」

此時又見紅衣瘦子，兩手各拿一杯泡沫紅茶，從另一頭施施然走來，坐下，遞給那壯漢一杯。兩人好像沒發生任何事似的，點了意麵滷蛋肝連粉腸，肝膽相照地吃了起來。

我擲筷大嘆：「搞什麼！他們原來是朋友！」

梳子攤販突然插嘴對我們說：「他們這不叫朋友。這叫兄弟！」說畢他又開始叫賣：「生意好難做日子好難過夜市人生好激動小姐小姐看看我啦！」

風雨

幼稚園放學放得早，下午三點半就看見一群媽媽來接孩子了。這是個昂貴的明星幼稚園，每日此時總是豪華名車雲集。能夠站在這個門口接孩子，身著低調名牌服飾由私家司機接送，意味著一個女子的人生至今為止全面的勝利。這些年輕而幸運的母親籠罩著幸福的光暈，群聚在學校門外聊天，她們當然不看路人，而是要給路人看的。她們之中有些美得不似凡人，也許是退隱結婚的模特兒，她們的面容瘦而冷削，彷彿有一盞聚光燈在心裡始終照著，因此臉上的光影比別人明顯，即使淡妝也凜然若玉瓷。

孩子都還小，四歲五歲的樣子，眉目還不清楚，一眼看去多半不怎麼漂亮，彷彿那基因還不能決定自己往後的樣子，只好模棱兩可地露出迷惘的神情。大概也因為大人抱過來帶過去，都是令人困惑的規矩，不可以咬指甲不可以哭鬧，飯前洗手飯後刷牙，早上講英文下午學注音，一加一等於二，無理而煩瑣，昏沉沉的童年。

這一天突然颳風下雨，彷彿有颱風，千金之軀的母親們如臨大敵提早到來，匆匆打傘將孩子抱進黑色房車便走了，沒有多作逗留。孩子們彷彿很高興這例外的日子，可以不必唱歌畫畫或是寫作業，便在加了頂蓋的遊樂場上開心叫喊跑跳，等待接自己的車到來。

稍晚，雨勢愈大，整條街白唰唰，孩子都走光了，僅留一個小女孩乾坐在園裡，女老師坐旁邊陪她玩積木。那小女孩紅著眼愣愣看著人行道，滿臉惶惑，完全不搭理坐在一旁哄她的老師，這老師也露出焦急的神色張望雨中往來的車輛，但還是強打起精神說笑，徒勞地哄她。

忽然，小女孩起身大哭，朝向門口出現的黑色賓士車奔去。車中走出一名肥

短粗壯的男子，白汗衫短褲，一手打傘。他抱歉地笑著，蹲下抱起嚎啕的小女孩，那小女孩痛哭摟著他的脖子不肯放，她哭得那樣悲切，一邊大喊爸爸爸爸，媽媽怎麼不來接我，一邊使勁將小臉在他臉頰上揉蹭，弄得他傘都撐不住。這爸爸心疼得幾乎紅了眼。

女老師與這父親打了招呼，替他們撐傘，送上車，又匆匆跑回園子裡去。一會兒，她牽出一輛摩托車，穿上藍綠色塑膠斗篷雨衣，大雨濕了引擎，狼狽按了好幾次才發動。她笨拙地鎖上園子的門，便在大雨中噗噗噗騎走了。

讀書二三事

日前看了一套大陸出版的文叢，收的都是一九四九年以前的作品。由於是簡體字，我看得較慢，然而從這半強迫的慢讀之中，也得出一些新鮮滋味來了。

民國早年的文人作品我很生疏，比較熟的也就是知名的那幾位，以及某年暑假曾發憤用功囫圇吞了的魯迅全集。

如今細讀那時代的作品，我就逐漸理解大陸作家來台參訪時常講台灣有「民國風情」是什麼意思了。一九四九年以前的某些文人小品閒適淡雅，家常俗

事人情都能入文，充滿「過小日子」的細緻風情，無政治色彩，非常世俗化，不激烈高亢，不尖酸誇示，也不耍嘴鬥嘴，這確實是台灣常見的文化生活氣息。這樣的文風少見於當時的左派文人，在一九四九之後翻天覆地的新中國則更是稀少了。

我想，看書也真是要緣分。有些書任何時候讀都能有領悟，一再重看也不減趣味；有些書則越早讀越好，既是啟蒙，也是基礎。可是另有些書則是需要一點年紀才能懂，年紀小時能讀，但未必懂，即使看了，大概也覺得索然無味。或者自以為已經懂了，卻是一知半解，僅得少許感想，既沒有足夠的歷史知識以理解其時代，也沒有足夠的人生領悟體會其寓意，無感於鎔鑄這些文字的辛酸人生，只是淡淡地看了，心想，啊，這段寫得不錯啊，就翻了過去。對於一雙未曾見過人世滄桑的天真無知的眼睛，現實的殘酷或生命的傾覆僅僅是不可解的恐怖與同情。

漫不經心的閱讀者彷彿是一個倉皇時代的神祇，目光無悲無喜，視萬物為芻狗，苦痛與憂愁都未曾入眼。

我年少時看民國初年的書就有這麼一點輕忽草率。那個時代困頓、焦慮、內外交逼，有股生死存亡的急迫感。因此知識份子積極參與政治，實踐他們信仰的思想，亟欲改造社會救民救國。這是一群熱鍋上的螞蟻，一群著火鐵屋裡的清醒者，各自為了立場和信仰吶喊奔走，而且他們也彼此鬥爭。這些文人的作品都有深刻的時代對話，他們的文字是寫來發揮作用的，他們要宣揚、鼓吹、辯駁、改變、甚至革命，讀這樣的作品若是沒有足夠的歷史背景知識，至多也只能得到無史感的淺解。讀者必須能深入他們的社會脈絡，理解文章的動機與牽動的事件，方能得其全貌。

換言之，單單只依賴一己的感受與體會將無法得到這種作品的奧義。由於文字在當時仍是有力的工具和武器，能夠廣泛影響人心思想與社會方向，不全然是消遣的商品，因此這些作品——特別是政治性的那些，蘊涵超乎現在能夠理解的能量。它們飽脹的情緒必須從知識社會學的角度來理解，必須歷史地閱讀並解析。

因此，帶著這樣的理解讀他們的日常小品文，那寓意也就格外複雜了。除了知識上的理解，人生的經驗和領悟恐怕也需要一點年紀才能懂。即使是無關

國仇家恨的主題，即使作者談的無非是飲食起居小事，那閒淡隨意之間，究竟有多少因時局動蕩而造成的不得志呢？或者，整日在古籍之間作考究與校訂，不問春夏與秋冬，又埋藏了多少對社會與政治的失望呢？多少文人在戰亂中四處謀職而未果，生計艱困之餘，寫了貧困生活的心情，雖看似淡泊無意，仔細想來都讓人感歎。

我假想，那麼，如果此刻國家動亂朝不保夕，許多人高呼救國救民，我敢不敢寫到租借地去逛街吃奶油蛋糕買花布做旗袍的小品文呢？老實說，我不敢，而且我不確定在那種時節我有吃蛋糕或者買衣服的心情。但轉念一想，朝不保夕的無常也可能讓人拚命地將活著的每一天都過好吧——不知道自己是不是下一刻就被炸死了，所以一刻也不可蹉跎的。

但我也不知道，萬一時局混亂謀職不成，整日在家讀書，我會不會酸氣沖天。我也不知道在那樣艱難的條件下，我會不會有心思寫喝茶小事或是花鳥蟲魚小物。我十分納悶，究竟需要怎樣的豁達或了悟才能在亂世裡寫淡雅的小品文呢？那樣的氣度我應該是沒有的吧。

我常聽人感歎「江山不幸詩家幸，賦到滄桑句便工」。意即，苦難的時代才能夠凝練好的文學，歷盡滄桑者才寫得出好辭。也常聽說「文章憎命達」，好命的人寫不出好文章，總是要際遇不順受苦受難的人才能寫好文。我想這些話是有些道理，經過大苦難的人看過最絕望的掙扎最醜惡的嘴臉，對於生命卑賤人性猙獰的體悟應該非常透徹吧。

然而，若是非得一個社會傾覆一整個世代塗炭方得成就好文好詩，我真寧願沒有。

只要有足夠的個人生命的顛簸，足以理解舊時好文章，看懂舊時好書，也就夠了。

書的觸覺

有個英文單字，第一次在歷史書上看見時讓我困惑了很久，即使查了字典，知道它的字義，也還必須細想它的寓意：palimpsest。意指「重寫本」，特別指在羊皮紙上刮去重寫的那種。它的絃外之音是歷史敘事的漫漶重疊與反覆改寫。這個比喻是因為羊皮這種物質寫上去的字跡其實非常不容易刮除，所以一次又一次的刮寫會讓那紀錄變得斑駁。或許這個字還有其他意思，但對於沒有看過或摸過羊皮紙的現代人而言，這個比喻實在太艱澀了。紙張傳入歐洲之後，羊皮紙的時代便永遠過去了。

從電腦開始普及的一九八〇年代起，報章雜誌上就時常出現這樣的宣稱：總有一天，人類將不再需要書本、筆記本和檔案夾，一切都可以電腦化，人們將可隨身攜帶一整座圖書館。當年這個宣稱顯然有革命的意味，而且幾乎是洋洋得意的，帶著新鮮刺激的期待。當時寫出這樣挑釁話語的那些報刊雜誌和書籍都不知道，這個未來究竟有多麼遠，或多麼近，也不知道這個革命如果成真，對它們自身而言將是多大的危機，它們將受到多大的衝擊。

當時大家必定以為紙張印刷的末日非常遙遠，遠得不需要思考。

這些年來，隨身筆記電腦、智慧型手機、無線網路這三種技術確實讓人目睹了「書寫」的革命和「閱讀」的革命——寫作一事幾乎與紙張無關了，報紙和雜誌也網路數位化了，工具書如字典和百科全書已經為光碟和網站取代。如今，各種媒介上又時常看見非常相似的宣稱：總有一天，人類將不需要紙張印刷。不同的是，這次的宣稱帶著非常強烈的危機感，因為有了電腦和網路的前車之鑑，人人都知道，不論何種宣稱，只要與「內容」有關，一夕變天的革命都是可能的了。

英文電子書閱覽器在歐美上市的時候，我還覺得此事與我無關。可是近來台灣也推動電子書市場，做出版的朋友問我會不會買，我想了想，說，應該是會買吧。

當年覺得絕無可能、遙不可及的電子書時代，竟然轉眼就到了。我們曾經毫無困難地從手筆書寫進入鍵盤打字的型態，從早餐桌邊的報紙轉換為電子報瀏覽，我們是否也能這樣進入電子閱覽器的閱讀型態呢？讀者究竟將如何面對即將消逝的傳統書籍呢？這是否意味著，有一天，紙本書將因為出版手續繁複，成本過高，所以產量稀少，它的價格將昂貴得非我輩能夠負擔？是否我將時時檢測攜帶足夠的電池和記憶體以供閱讀，像手機和電腦一樣？是否人們將會在網路上買書——下載電子書內容，像音樂一樣？或者我買書會像買ＣＤ，只買最真心喜愛的那些，一般的隨便下載聽聽就算了。「風吹到哪一頁，就讀哪一頁」是否將成為一個名為「隨機翻閱」的按鍵？

紙筆的手寫稿在如今看來，那種歪斜與粗糙的「純手工」物質感蘊涵獨一無二的靈光，充滿了懷舊的氛圍。是否有一天，我看待紙張印刷的書籍將如同聽黑膠唱片播放出來的音樂一樣，又懷念，又渴望？我是否將會懷念那種

「落後但質樸溫暖」的手感？紙張的泛黃捲曲蟲蛀是否都將成為奢侈的物質形式？在書頁的天地邊際上寫想法，摺耳朵標記重點，感動流淚時滴下的印記，茶杯留下的圓形水漬，這一切，終於像梁實秋英漢字典或ＴＤＫ捲式卡帶，成為歷史的點滴了？

我一向自認是個守舊的人，但是身為文書工作者，我幾乎是被時代逼著推著，緊緊跟隨書寫和閱讀的每一次更新。我在電腦還是ＰＥ２時期就學會電腦打字；在ＢＢＳ剛發展初期就學會撥接上網；Win95一推出就立刻安裝了；筆記型電腦還是三、四公斤的時候就背著它上圖書館；很早就買了英文字典辭庫光碟存進電腦；即時通訊軟體開始普及我就用它傳稿子；電子報一出現就訂閱了；部落格開始流行就加入了。有些時候是貪圖方便，有時候是不得已只好順從。當然我也有抵抗不從的時候，例如手機。

朋友又問，電子書你希望能看什麼內容呢？我說，既然不是用來珍貴保存的，當然就是那些有點想看所以買了，之後又因為佔空間只好送人的書。總之，有了電子書，某些不重要的書的重量和空間的問題就解決了。

然而，書本特有的拜物面向，它的展示和炫燿價值、美學價值、它的慾望法則、人們對書本紙張的觸感和色彩視覺的著迷，似乎難以為電子書取代。書本的物質性與文化文明之間的緊密關係，也許不是立刻能夠毀滅的吧，我希望。

蝶影。

午後陽台日光燦爛不可逼視，白色蝴蝶在欄杆外翻飛，底下是台北市的車流囂囂。蝴蝶的影子被日光拉長了，撲翅撲翅，疊到我身上，臉上，閃呀閃的。它彷彿映上了我的靈魂。

我卑微地感到榮寵了。

閃爍

誰知道呢?他們當初相愛的理由。多數的愛情不需要理由,但他們似乎需要一點解釋。

這小餐館的老闆是個面無表情的人,他話不多,一副不想開口的樣子。即使招呼客人,乃至添茶倒水,都不露一絲情感。他每天看起來都不高興,在店裡走動時渾身冒著腥膩氣。他又胖,又是蒼白無血色的油臉,眼皮上多餘的肉墜著,拉出下沉的線條,眼睛擠成了三角形,眼神陰暗,像是一雙又冷又油的,肥胖的蟒蛇的眼睛。

這人從裡到外都沒有溫度，作為一個商家的老闆，這種長相以及個性實在太不討喜了。即使整天站在爐子前烹煮煎炸，油脂包覆的心一點也沒有溶化的跡象——如果他有心。

偶爾他也會笑，他笑起來慢吞吞牽動面部的線條，眼神還是陰森森，令人不寒而慄，像是從遙遠的樹梢上不小心滴落了涎液的爬蟲，讓人感到不愉快且陰濕。誰都看得出來他沒有真心的笑——哎也許他真的就沒有心。

幸而老闆很少出來巡梭，他的妻子管外場。這妻子非常乾瘦，膚色荒灰如一畦瘦田，她始終都笑著，一雙大眼睛烏溜溜發亮，眼睫毛搧呀搧，看這裡，看那裡，裡裡外外招呼，腳不沾地來來去去，點菜上菜收錢，都是她。她也許曾經漂亮過，但現在整個臉垮了，割過的雙眼皮和墊過的鼻子都露出馬腳。她也可能曾經很嬌柔，可是多年的生計辛苦慢慢將這個部分磨除了，取而代之的是咬著牙刻在骨子裡的尊嚴，硬梆梆的撐起她整個人。

這店沒有她的笑還真不行，所以她始終如一的笑就更耐人尋味了。有時她坐在櫃檯數錢，心情好，眉開眼笑。但只要老闆一出來，她眼角瞄了下，還笑

著，卻浮現了某種不以為然的情緒。閃爍的黑眼睛像大石塊掀開的瞬間，蟲蟻蛇蠍滴溜溜亂爬。

那目光照亮了什麼比蛇蠍更寒冷的東西。她貧瘠的身上唯一的生氣就是這些了。

其實她的眼睛洩漏許多事。跟著這樣一個男人過活，應該很怨吧。

某個熱天午後我看見那老闆一個人站在餐館外吸菸，巨大的身軀在陽光下看起來還是像一條涼冷的大蟒。他搔癢的時候令人疑惑也許有鱗片掉落。他微微昂首對著烈日吐煙，像是仰面吞吐四散的流火。

他後面那餐館正休息，黑漆漆，他的妻子在裡間暗處掃地，一邊抬眼看過來。她不笑了，眼睛還是滴溜滴溜的閃著，寒光。誰知道呢，這樣死命守著，也是一種感情。

海產快炒店

海產快炒店的氣氛像它的菜色口味一樣，熱切、激昂而高亢。大把的蔥蒜辣椒、大匙的蠔油沙茶、大塊的炸雞炸花枝炸蚵仔，熱油肥腸，重鹹青菜，啤酒數以打計。日常生活裡酌量使用的那些配料，最計較的那些熱量，在海產店都不是禁忌了。

這種狂放的氣氛特別切合「食肆」這個詞給我的聯想，它是個吃東西的場所，人來人往，觥籌交錯，非常放肆而恣意。這是規律生活之外的特許區，上班族扯開領帶捲起袖子，大聲叫囂，大塊吃肉大口喝酒才是正道。菜一盤

又一盤地上，吃不完就算了，潑潑灑灑地敬酒乾杯，魚刺吐在桌上，啃過的排骨用筷子一掃，掃到垃圾桶裡。一切凌亂而隨便，那景象真就是，狼籍。

櫃台裡的生鮮魚蝦倒是整整齊齊的躺在碎冰塊上，紅的銀的，底下襯綠蕉葉——這蕉葉頗有古風，我知道它現在是為了讓色彩對比漂亮，但從前的賣魚擔子也是在竹笳籮上鋪了蕉葉，魚一尾一尾躺著，再一層蕉葉覆著那魚。我不知道它的實質作用是甚麼，但蕉葉覆魚看上去很清涼，很恰當。

通常快炒店的桌椅比一般餐廳窄小簡便，有時甚至比一般小吃店的還矮些。它造成促膝而談的錯覺，大家挨擠著坐在一小桌邊，小盤小碟的熱炒和生魚片，湯水杯碗，滿滿放一桌，分不清筷子杯子是誰的。後面廚房的抽油煙機和炒菜聲幾乎掩蓋前面的音樂和人聲，這震耳的轟隆轟隆是絕佳的背景效果，讓大夥兒可以更大聲地交談，扯開喉嚨把話從心裡喊出來，提高音量講出來的話似乎比較真心，聽不清楚的時候橫過桌子把耳朵湊上去，交頭接耳，也更有祕密共享肝膽相照的意味。

酒促小姐是海產快炒店的曼妙景觀，她們其實是這滿堂鼎沸的聲浪裡最清醒

的人。她們都很年輕，穿著短得幾乎不存在的裙子，及膝的靴子，上衣胸口挖得很低，臉上全套的粉妝，戴著蛾鬚一般的假睫毛。整晚就見她們老練地在桌間巡迴，開瓶、倒酒、搭訕、回應各種問題、幫忙點菜遞菜，笑容一刻也沒停過。喝醉的客人輕嘴薄舌甚至動手動腳，她們也只淡淡地應付過去，那笑還是一絲不減。

鄰座有個男子不斷纏問其中某個小姐，這工作累不累呀，妳有沒有認識很多朋友啊。硬拉著她不放，恣意撫摸，狀甚難堪。她也不反抗，只眨著大眼睛笑說，不算累啊，反正是暫時的，錢存夠了就要去英國了。另位便問，喔妳要去英國玩嗎？這女孩還甜笑著，反問他們：「要不要再各開一瓶啤酒我再告訴你？」

兩名男子又笑說：「吼！一定是要去見男朋友咰！」於是他們嘻嘻笑又再拿了兩瓶。這女孩俐落地開了一只瓶蓋，淡淡說：「不是喔，我要去念書喔。」

男子氣勢忽然弱了點，說：「妳會念書喔？妳英文很好喔？騙人的吧？」

女孩哆聲說：「普通啦。你不信，那怪我囉？」

說著，又啪嗒，開了另一瓶酒。就淡淡地走開了。

輯二

雨夜

春夜的雨幽幽的，有點冷，打了梨花也打了杜鵑，悽悽哀哭彷彿有怨，眾人束手無策，就成了個狐仙出沒的雨夜。

剪綾羅

服飾店老闆娘應該已經四十幾或五十歲了，看得出來當年是很美的。

或許她其實還不到這年紀，只是因為闖蕩得久，起起落落賺過幾筆也賠過幾筆，可能也給幾個男人騙過，商場情場上多年輸贏殺伐，臉上不免有些橫氣，所以顯老。

這店非常漂亮，店面雖小，卻像藝術館的展覽品那樣毫不吝嗇地使用空間，彷彿每件衣服都是不得了的作品。中央一張米白色沙發，全店只有三四架衣

服，一排架零星掛了五六件，平台上摺起來的那些，也只是單件擺放，並不堆疊。臨街的玻璃窗裡兩個瘦拎拎的假人模特，沒有頭也沒有手腳，僅以小小的身體撐起衣服，衣服懸空浮著，嬌貴的千金之軀，多餘的都沒了，任憑袖子空垂在兩側，不問世事的樣子。

不管是什麼季節，這店只賣浪漫的垂墜式剪裁，薄紗的、絲質的罩衫或洋裝，即使冬天賣毛料衣裳，也是喀什米爾羊毛那樣輕軟的質地。粉彩飄飄，柔美夢幻的小店，這一切設計都是隱形的門禁，叫人不敢輕易走進去。

店裡的熟客是幾個年輕太太，她們的身架子就像玻璃窗裡的假人一樣瘦削而且嬌貴，她們時常在店裡閒坐聊天，喝下午茶。在行人的眼裡看來，整個店像極了時尚雜誌的剪影，而她們也樂於展示給路人看，這樣一種美好的生活——好日子若沒有別人的艷羨，就像蛋糕上少了草莓，少了那點新鮮意思。

都沒有客人的下午，老闆娘坐在空蕩蕩的玻璃櫃檯後面，對帳本，看雜誌，把衣服一遍一遍重新摺過，審視標籤，講電話。百無聊賴的。

有時候她在店外面的人行道上吸菸，見了天光，明心見性，形貌就比較清楚了。她的骨架子小，四肢細瘦，胸前頗有起伏，蓬鬆捲髮過耳，臉色有點黃，打了粉底。可是，無法隱藏的毛孔還是在她臉上撐開，每一個坑孔都喘著油氣，隱隱拉長了臉的線條，使她看起來更倦。那間店沉沉壓在她身上的重量，光天化日下看得再清楚不過了。

她的眼睛看過許多事，大概也掉過不少淚，泡泡的眼皮裡藏著風波。雖然是做漂亮生意，表情總是很冷淡，像在心裡盤算著某一筆帳，是一種又防著人，又掛著笑臉以免人家防她的樣子。一雙大眼緊緊看守著自己的靈魂，要她從心裡面再掏出什麼來，恐怕是不可能了。

也許她曾經期望過某種生活，落了空，只好販賣那種生活的衣裳，但衣裳畢竟不是全部的生活——誰能像假人模特那樣沒手沒腳沒頭沒腦，只要將衣裳撐起來就好呢？所以，累與滄桑是難免的。

後來，有個江湖氣很重的中年男人常來店裡，黑胖，毛髮濃捲，臉像拳師犬。敞著襯衫領口，啤酒肚，胸前紅棉繩繫著廟裡求的平安符，手上黃金勞

力士和綠玉戒指。乍看以為這人是來收租討債的。

他一來就像自己家似的，翹腿坐在米白色沙發上，抖著黑色皮拖鞋。兩人隔著玻璃櫃檯說說笑笑，老闆娘笑得一浪一浪，一手支頤一手撥弄瀏海。店內再也沒有下午茶了。

任誰都看得出來，她生意是不想做了。

不知過了多久的某天，往來的行人忽然疑惑，店的招牌還在，但鐵門已經拉下好一陣子了，是不打算再開了嗎？

等鐵門重新拉起，店面已經人去樓空，貼了招租的紅紙。也不知道她是雙宿雙飛去了，或是她又輸給人生，綺羅夢碎了。

菩薩蠻

說起那女孩，古董舖的老闆喜歡說：「當初就是因為長得像北宋觀音才雇她的。」

女孩確實非常像店裡珍藏的一尊觀音雕像，臉頰輪廓豐腴，眉眼細長，長髮在腦後盤一個小髻。這樣的五官作為雕像看來沉靜婉約，端正和諧，但是作為一個活生生的人，卻有種說不上美醜的怪。也許是比例問題，因為那臉顯得短而平，雙眼的距離很開。而且，觀音柔美的線條中其實帶了隱隱的剛氣，在雕像上看不出來，在人身上就顯出不容輕犯的神氣。

那尊木雕觀音已經在店裡十年了，據說年代古遠，價值連城。這麼稀有的寶物怎會到這裡來呢？有人好奇問。老闆總是神祕地笑而不答，無論如何都不肯透露究竟是怎麼到手的，只說：「自然有辦法。」曾經有人開了驚人的數目想買，都沒買成。

那麼，這麼稀有的觀音似的女孩又是怎麼來的呢，又有人笑問。老闆就笑得更樂了：「是這觀音召來的呀。」

女孩在店裡工作，泡茶，打掃，走過來走過去。老闆非常得意，古董觀音難得，像古董觀音的年輕女孩更難得。他和客人不看古董的時候，就時常盯著女孩看。看古董的時候，也喜歡女孩在一邊走動。他們是一群非常挑剔的人，他們的眼睛已經習於尋找物件細微的美感與瑕疵，講究紋理、光澤、材質以及年代。古董欣賞的極致在於缺陷的美，一道裂縫或缺口是一痕傷心事，藏著天災和兵燹，那毀損的遺憾也是美的。

他們更喜歡說，是名家真品當然最好，即使不幸是贗品，也得要唯妙唯肖，得其魂魄才行。至於年代呢，賞女人的標準和賞古董的價值完全相悖，無須

贅言。

大家坐在廳裡喝茶，賞玩杯盞或書畫卷軸，頗有名人雅士之風。偶爾看看那尊觀音，再看看女孩，再搖頭，嘆氣，微笑，喝茶。這小小的意淫是眾人心照不宣的密戲。

女孩像是那斑駁的木觀音活了過來，還原光潔的肉身，完好無缺，但也顯露了真實和概念之間的微妙差異——物品看起來溫婉，真人反而冷淡。客人心裡都恨，真人畢竟不能像古董一樣任意握在手裡撫摩感覺啊。

天天被人盯著看，女孩也習慣了，端茶的時候面無表情，打掃的時候也目中無人，偶爾正視來客，也只是冷冷的盯著。平常的言詞調戲她都當作耳邊風，偶爾有客人忍不住，一邊讚嘆，一邊就動手摸上來了，她想發脾氣也只能忍著，古董店裡不能隨意摔碗砸盤，隨便摔個什麼她都賠不起，所以只能怒目瞪人。剛開始她還會頂嘴，後來越發厭倦，懶得開口，只是在眼睛裡點了陰陰的兩朵藍焰。小家碧玉的恨，蓄積在眼裡，精雕細琢，一件小事就刻上一刀。又像是在米粒上寫佛經，一筆一劃只有她自己明白，超度的也只是

她自己。

後來，有個常客出遠門，隔了幾個月又回到店裡來坐，與老闆閒聊喝茶。席間這客人忽然想起，問道：「咦，那個像北宋觀音的女孩呢？她不做了嗎？怎麼沒看見？」

老闆怔了怔，問來客：「你沒看見？她剛剛端茶上來的。」

客人疑惑說：「剛剛是她嗎？怎麼不像？」

老闆露出了納悶的神色，向後面喚了幾聲。

女孩走出來的時候，客人仔細地端詳，確實是她沒錯，五官髮型或身型都沒有改變，也沒有老。可是，不知怎地，她已經不像觀音了。

老闆看了又看，說：「怪了，是哪裡變了呢？上星期也有人說一點也不像。我因為天天看，反而看不出來。」

女孩嫌惡地瞪了他們一眼，又回後間去了。

客人和老闆兩人靜默半晌，客人說：「是被我們輕薄看壞了嗎……」

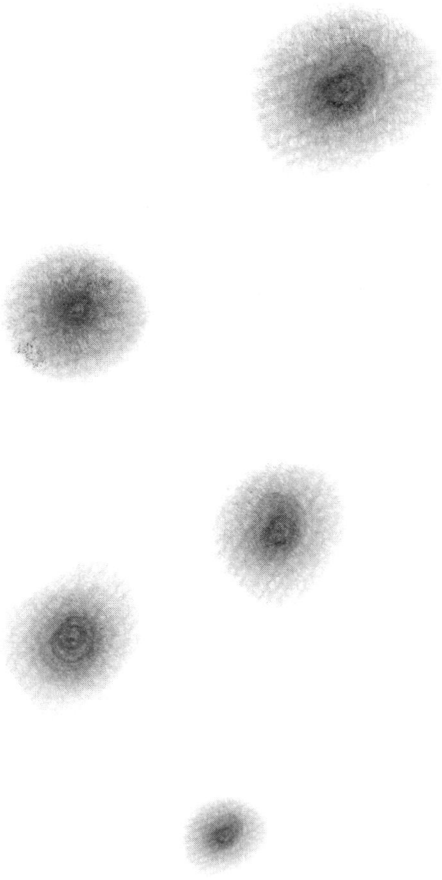

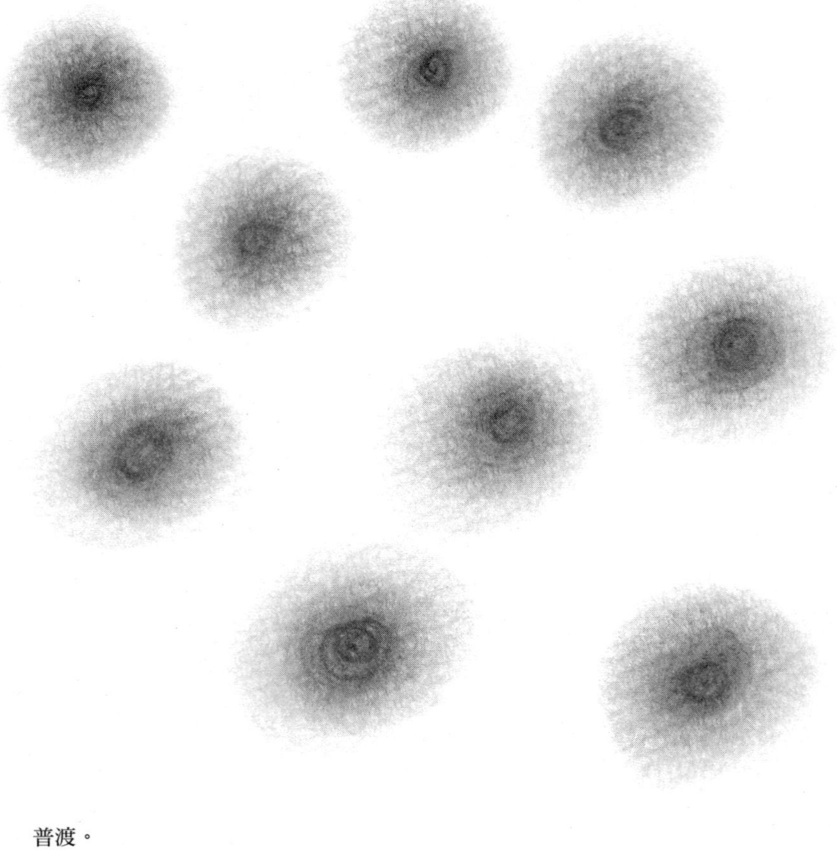

普渡。

這是眾鬼的節日，與陽世無關。雖見不著往來穿梭的諸鬼，此間仍設酒饌大肆為他們歡慶。

這一天人世的一切異常熱鬧繽紛，同時也隱隱可怖，因為擺在眼前綿延整條街的酒肉果菜儘管看著完整無缺，但是在我們心裡的彼岸，有一場搶奪和饕餮正在香煙繚繞中進行。這一天我們都有雙重視像，事物有雙重生命，我們知道在場的未必還在，而不在場的未必不在。

通常廟口會有一口大豬做主牲，內臟掏空，血肉生生地趴在冰塊上，嘴裡慘笑，啣著一顆蘋果。這頭神豬碩大無比，肥油腥冷，巨大而張揚的死亡使它猙獰激進，彷彿有神性。它的面前一柱香，不像獻牲，倒像是祭著它。

這頭豬大大地張開它的軀體，它的裡外一覽無遺完全貢獻給我們。它的雙眼混濁朦朧，也從彼岸遠遠地看著我們。

相片與記憶

日前和朋友聊天，提及張愛玲的生平瑣事。沒事閑聊張愛玲，有點像是聊某個知名影星的軼事，散漫而隨意。其實，因為電影和其他通俗文化的互文性，她也確實像是個明星了。大家都知道張愛玲是九月間出生，但究竟是九月哪一日，據說連她自己都不記得。她過世後眾人發現，張愛玲真的沒說謊，因為各種證件資料上的生辰果然不一致。

我信誓旦旦地說：「我記得她曾在哪兒寫過的，說她自己不記得生日，因為過的是農曆，還說，大約是中秋前後。」某朋友說不可能，說張愛玲對這事

很保密。這朋友從事張愛玲研究，讀遍了各種相關論文和考證，她說的話應該有點權威。但我仍不放棄，我非常確信曾在某處看過這樣的句子，而且我像煞有介事的背出了一段不知從何而來的句子。我的堅持讓朋友們動搖了。我不是畢業於文學相關系所，所以我只讀過張愛玲自己寫的東西，沒有讀過其他人寫張愛玲的評論研究——套用文化人類學的說法，我幾乎是個未受評論污染的文學土著，是個純粹的讀者，因此他們以為我的說法必然有可信之處。

「一定有的，應該是在《對照記》裡面。」我又繼續夸言。《對照記》是張愛玲的老照相簿，共收有五十幾張老相片。一提到《對照記》，像是水落石出了，朋友都信以為真，不再爭辯。原因無他，只因這本書是張愛玲的老照片，張愛玲幾乎是以這影像書作為她自己的回憶錄，權威性自不待言。

當然，回家後查證發現，沒有。是我記錯了，整件事是我自己的想像與誤植。我不知從哪兒生出這樣的妄想，而且自動把它移植在《對照記》這個老相本裡了。朋友也覺得莫名其妙，若是我提出了其他的書作證，那麼這些博聞強記的張迷就能清清楚楚記得那些文章的主旨和內容，他們會立刻駁斥我

荒誕胡言。但是說也奇怪，偏偏沒有人對《對照記》有這樣十足的把握，彷佛那本集子裡每張照片旁短短數行的圖文說明是怎麼也記不住的千言萬語。明明這是張愛玲最短最薄的一本書，寥寥數語，大家卻都恍惚了，像是沒看過似的，像是那集子裡藏有極龐大的空洞或極私密的訊息。而我呢，竟然自行創造了各種念頭，自己作了天馬行空的填空題，差點唬過眾人。某朋友說我昏聵至極，挾持張愛玲的《對照記》作自己的幻想佐證，而且把大家都唬得傻子一樣。

這是相片本與記憶的詭計。相較於文字，照片其實非常不容易記得，它們的細節太多太蕪雜，它們在記憶的汪洋裡漂泊，沒有穩定的定錨點，影中人尚且會忘記拍攝的時間和地點，看的人更難記得全部的枝節。即使有幾句話為照片作註解，這說明的文字和照片之間彷佛有千絲萬縷說不盡的糾纏，乍聽是清楚的，但越說越亂。理論都說圖說是照片的框架，圖說給了照片一個意義的範圍，一個時空的定位經緯。然而也有像張愛玲老相片本子這樣的例子，圖說也頂不住照片的意義洪流，人言滔滔，連張愛玲自己修築的文字堤防都決堤了。

但是相本確實又是一種極為有力的參照資料，因為照片的真實性看似無庸置疑。照片紀錄了曾經存在的事實，看似不疑有它，如此涵納千言萬語，照片是眼睜睜的鐵證如山，再深奧的歷史它也吞得盡，再大的謊言它也撐得住。但是照片沒有話，它是啞的，它是一組符號等待著意義，等待誰賦予它位置。照片以沉默面對一切的說法，每一張照片都需要解釋，而所有的解釋都由照片自己證明為真。這是誰？這在哪裡？這是何時？什麼場合？拍的人是誰？為何而拍？照片是終極的證明題，它背後事實的真假取決於觀者的解釋能力，因此它的意涵是游移的，照片這種漂移無定的特性使它時時有遭受搶劫的危險——意義的搶劫與挾持，就連我這無中生有的妄想，只因提出了相片本子作為支持，言之鑿鑿，差一點就具有等量的說服力了。

我自己倒是想，這樣的誤植與錯置當然事出有因，我顯然是過度解讀，把張愛玲的作品和一生都讀進這些照片裡了。那些爺爺奶奶的照片，穿著古裝，戲服似的，像是她小說裡的人物，標題可以就下成「華麗緣」或是「紅樓夢魘」。父母的照片像是「怨女」和「流言」。她自己在天台上拍的那些照片每一張都可以作為《張愛玲小說集》的插圖。至於其他那些一言難盡的生平故事，沒有寫在任何一篇文章裡，讀者如我還是自行剪貼記憶並且挪移並

置，穿透了任何文字的框架與限制，把我自己的遐想全都一咕嚕塞進照片裡，簡直連當時的月亮和紅白玫瑰都有一張照片為證。

那些不存在的照片是從我心裡拍攝出來的，那虛假的圖說是在我腦子裡寫就的，它們原來無所依歸，在讀者的幻想中若隱若現，《對照記》出現之後，這些幻象終於有個對應的出口，於是便收納匯流到這最游離不定的影像之書裡來了。

互文性的世俗價值

儘管在應否出版的道德上引起爭議，我依舊毫無任何道德掙扎地買了《小團圓》。這是張愛玲曾經囑咐銷毀的手稿，但它能夠出版，眾人還是很高興。想想，連晚年張愛玲的垃圾（不是比喻，真是垃圾）都曾經有人去挖掘，更何況是如此數十萬字的手稿？對許多張迷和研究者而言，這不啻是珍寶，若真的銷毀了，誰能承擔得起這個罵名？再想，張愛玲本人無道德潔癖，換作是她，聽見哪個喜歡的作家私人傳記出版了，應該也會像看戲那樣熱切的，興沖沖買來看的吧。

但也正因為這書實在不是完成稿，前面老看不懂，每個句子都很沉，所以我慢吞吞看了很久，費了一點功夫才理解原來這書裡的母親叫作二嬸，又叫作蕊秋。而且還得回想她另外寫過的那些家族故事，拼拼湊湊地猜著讀，她的相本《對照記》也必須拿出來作圖文比對。我猜得頭昏，好不容易捱到了中段，「邵之雍」這角色出現，眾人退場，虛構與現實完整對上了，才看得順。這自然是帶著其他參考架構的理解來閱讀的效果。若是對張愛玲生平和作品都不熟的讀者，也許全書都令人困惑（但這樣的人也不會買《小團圓》吧）。

換言之，讀者必須先看過其他的作品，知道其他的故事，略明梗概，才能懂這書的故事。這書「互文性」實在太高了，非得互文地閱讀不可。如果將這本書當成一個封閉完整的小說來看，不但會大失所望，而且就錯過張愛玲寫這書的原意了，《小團圓》假設讀者都知道她的身世，而且擺明了是跟胡蘭成的《今生今世》對話的。

張愛玲互文地寫這本書，因此讀者也必須互文地看它。我私下覺得，幸而是如今才發表，若是在一九七幾年出版，恐怕會招致更多罵名。當今後現代的

讀者早已習慣各種言外之意絃外之音的閱讀方式，不會錯過任何足以捕風捉影的隱藏訊息，而且張愛玲也已經名滿天下，讀者早就在各種大眾媒體上知道她的身世，「互文閱讀」早就成為張愛玲作品的標準讀法了。儘管張愛玲常說她自己愛錢，喜歡世俗東西，喜歡鮮豔的色彩，喜歡飲食和衣著，這些話一再在各種作品中出現，《小團圓》中也毫不遮掩她非常在意錢這事實（真是誠實得驚人），但眾人喜歡的多半不是世俗這部分，而是將她與中國才女傳統「互文」：清瘦，生活閉鎖，家世顯赫，感情坎坷，走路像一片葉子飄——彷彿她不食人間煙火，還有她的那些古裝照片，一併給「互文」了，成為作品的註腳。

待我終於牽牽絆絆看完《小團圓》，上網一查，已經有數萬筆網誌網摘寫了讀後感，媒體上也有不少知名作家寫過書評。這真是全球華人共享的開放文本，有華人的地方就有討論，徹底地成為大眾文學。即使要寫心得，刊出來都已經晚了，待要不寫，又覺得心癢——我猜這麼多人都是因為心癢而寫了讀後感——開放文本果然是一種讀者參與感最積極最深入的文本，而且大家都興高采烈的有意見，即使主張不看的人，也都算是半參與了這個文本的生產了。所以我也還是想寫一點什麼。

幾年前大家還抱怨電影《色・戒》的故事太露太直太淺，沒想到張愛玲寫《小團圓》更露更直，幸而故事雖紛亂，情感卻不淺——難說究竟是愛還是恨，卻深刻得叫人心痛。張愛玲竟然被這段感情烏雲蓋頂籠罩了幾十年，怎麼都看不開，實在始料未及。

從《小團圓》看來，張愛玲非常愛香港，香港是她年輕時唯一的放洋經驗。她筆下華洋雜處階級分明的香港作為愛情故事背景，如此新鮮浪漫，使得香港在現代文學的想像上有了與上海並駕齊驅的位置。

我這一輩的人，不論是不是文藝青年，多少都看過一兩篇張愛玲的文章，即使沒看過，也至少知道這個名字。如果自認是個文藝青年，那更是把《張愛玲小說集》和《流言》倒背如流了。我忘了我自己是什麼時候開始看張愛玲，只知道很晚，而且不是每本都看過，張愛玲的愛情故事也是很後來才弄清楚的，所以我大概沒資格算「張迷」。出國唸書時隨身帶了舊版的《張愛玲小說集》，那幾年因為手邊的中文書太少，因此每天翻看，整本爛熟。現在看《小團圓》，幾乎是為著印證小說情節而看的。

所以最高興的其實是一些無謂的恍然大悟，原來有那樣多的小說橋段是來自戀愛的經驗；原來嬌蕊的人物設定是她母親；原來敦鳳是她自己；原來〈華麗緣〉的戲是她去鄉下找胡蘭成的時候看的（這是我非常喜愛的一篇散記，時常重看），數不完的「原來」。而且，我從前不知怎地，妄想張愛玲是中秋前後生的，還真的沒錯。

才女談了一場苦戀，整個中國現代文學的地景樣貌從此就改了。開放文本的自由互文，就這麼隨眾人說去講去，功德圓滿。

偽善。

太陽曬過的玻璃是開朗的少女。花生糖的氣味是油氣的少年。白磁磚的觸感是細雪的曉天。晴空下纏掛街頭的電線，凌亂糾結累累陳曝，這是舊恨。雨中急馳而過的車激起髒污的水花濺人，如同偽善者的良好自覺。

雨夜

春天是困難的，說不上討厭，也說不上討喜。它像個脾氣彆扭的小姑娘，漂亮嬌貴，多淚而且多病。誰都知道它陰晴不定難對付，可是大家也都帶著一種暈陶陶的苦笑，說，唉，沒辦法呀，春天嘛。像是昏庸的父親面對任性的女兒撒嬌時那種寵溺窩心的笑，彷彿所有來自她的磨難都是甜滋滋的愛的試煉。

這麼捧著呵著一下午，它醞釀的不外是黃昏之後那一場怔忡的紗窗風雨。這雨節奏飄忽，稀稀落落淅淅，下著下著，就曲曲折折入了夜。

春夜的雨幽幽的，有點冷，打了梨花也打了杜鵑，悽悽哀哭彷彿有怨，眾人束手無策，就成了個狐仙出沒的雨夜。

過了黃昏，再怎麼傾耳的聽傾心的等，雨老不停，人也睡不穩。晚餐時間過後許久，我從樓梯間的小窗探出頭去察看巷子尾麵攤子的燈光，白燈罩朱紅漆，左邊「黑白切」、右邊「度小月」，斜雨中搖呀搖，柳體楷書頗有古意，遠遠望去彷彿山中趕路遙見寺廟門燈。即使百般不願意，此時也只得撐起一把傘，繞著水坑子走去買麵。走了一截子路，索性停下來捲褲管。在這樣的夜晚出門，未必能成詩，腳是一定要濕的。

台北的巷子既彎且斜，倒是不缺燈。參差錯落的路燈在雨裡濛濛亮，白光暈散，雨絲斜斜畫過，像是一只又一只的纏絲白瑪瑙碟子洗了晾著，閃著一地的水。

到得那麵攤，滷味小櫃的燈泡晶亮，店內僅兩個客人，已經酒足飯飽，紅通通醉醺醺胡言亂語，滿地青綠酒瓶，頭家娘獨自斜坐另一小桌邊，也不理他們，支肘蹺腿，目不轉睛看著電視。

我一向很喜歡這頭家娘，她是個卅出頭的漂亮女子，四肢細瘦，小臉蛋尖下巴，平眉直鼻菱角嘴，斜飛狐狸眼，眼線勾勾畫成個貓眼，頭髮紮馬尾，爽俐辛辣像韓國女星。她言談舉止略帶江湖氣，不但會斥喝調戲她的男客，對一般女客也少有好臉色。她眉目犀艷，風姿殊異，看她敲湯杓子剁菜罵人整治那些熟客，也是齣好戲。有時她露出彷彿識得誰的神情，好聲好氣說兩句話，店裡的其他客人幾乎都要吃醋了。

這一天她穿了雙紅涼鞋，蹺起來的那隻腳勾了鞋在腳尖上晃，她的腳也美，像日本浮世繪上女人的腳。細看之下，那鞋還真是「掐金挖雲紅香」小鞋。我心裡驚想，呀，原來還真有這樣設計的鞋，愣了一愣。她起身招呼，也不看我。我沒敢多說，點了貢丸米粉油豆腐燙青菜和滷蛋，就站在一旁馴服的等。但是她知道我注意了這鞋，很是得意，切薑絲的時候便多切了些，青菜也給了好大一把，末了還親切地笑了笑。她也知道自己很少這樣親切，有點不好意思。

我拎著幾袋熱食原路走回，巷子也不歪斜了，水坑也淺了，雨也柔了，街燈還是纏絲白瑪瑙碟子樣。

誰知下了兩天雨，再回去，那麵攤竟無聲無息收得徹底，鐵門深閉。驚問左右鄰舍都說，不知呀，就兩天前搬走啦。沒人知道為什麼，也不知道搬哪兒去。

一個狐仙夜雨。

寫作和閱讀的難題

寫作是一件和子虛烏有搏鬥的工程。這是一種幻術，一種看似無中生有的伎倆。

你必須將雲霧一般的念頭化為一串文字，將千頭萬緒的心中影像落實為一段敘述，或是將雜亂無章的想法整理成有頭有尾的論證。當然它也可以是更偉大的那些，例如美學、風格、理想、批判或是使命。

不過，在涉及種種心靈層次的崇高境界以及意欲達成的遠大目標之前，寫作

首先仍然是一種文字的技術。它基本的難題在於必須盡力消除（偶爾是擴大）文字表徵與寫者意念的距離。但這並不是說，寫者的意念與文字的表徵是子虛烏有之事。儘管那些文字之後的鏡花水月意義幻影出現在讀者眼中，可是在寫者而言，每個字都如此紮實、疼痛、難以忽視、令人焦灼，像眼裡的一顆沙子，揉過來也不對，揉過去也不對（當然，有些時候對於讀者而言，難以吞嚥的文章也是眼中的沙子）。

寫作的難處在於它必須填補一些空洞或闕漏，這些闕漏有時候看起來是屬於文字系統的問題：「沒有文字能夠形容這種感覺」；有時候看起來是屬於寫者的問題：「找不到恰當的文字形容這個狀況」。於是寫者便必須時時與這些空洞搏鬥了。一個寫者處理這些問題的能力與方法便成為他的風格，甚或是天份。善於分析的人以邏輯填補它們；善於寫實的人以白描跨越它們；善於比喻的人以創造另一個意義的迴路繞開。

所以我想，寫作也許是一種修補術。

通常一個敏銳的讀者能夠很快地指認作者的文字處理方式，他甚至能夠學習

或模仿這種風格的技術。熟讀村上春樹、張愛玲或黃春明的人大概都能領略這些風格鮮明的作家喜愛使用的比喻，以及比喻即將出現時的那種句法和語感（當然，在村上春樹的例子裡我們也許必須附帶考慮譯者喜愛使用的句法，而非僅是村上的個人風格）。熟讀普魯斯特的人應該也不難仿效那種纏繞的法文翻譯風格，這種略顯絮叨的文字在夾敘夾議時另有迷人之處。

然而，最高明的寫作還不只是這種空缺的指認、解除與修補，而是他不僅止於修補，更是隱藏了巨大的破壞。他創造或指引了一個無法言說的困局，而且他並不嘗試解決，反而是將讀者誘引到陷阱前，將他們拋擲進去，迫使讀者從文字的安全網中醒來，面對這個無法言說的困局，激動難平，困惑甚至不安，讀者突然發現失去了作者的指引，被迫獨自面對這個語言碰觸不及的幽暗處所，發現存在於作者文字之外的更大的主旨，更深的問題，更難解的空缺。

那些看過之後彷彿有點懂了，可是又覺得作者「像是還說了別的什麼」的作品往往是這種聰明的陷阱。

造成謎樣氛圍的寫作一旦被讀者逐步看清，當讀者漸漸面對這個陷阱構造，並且試圖穿越它，那麼，寫作便轉向另外一端了。讀者開始進行他自己的解讀了，讀者在作者留下的空白處進行讀者自己的修補與破壞，讀者接收了作者的所有材料，他開始進行屬於他自己的寫作，他自己的修補。他也許寫下來，成為另一個寫者；他也許不，他轉眼就放開。

當然，一個讀者不可能永遠如此清明敏銳，他不可能面對任何作品都是水晶心肝玻璃人（是了，這個詞來自另一個參考材料）。唸艱深的理論的時候，讀者就時常處於這種朦朦朧朧一知半解的狀態。第一次唸符號學的時候，第一次唸德希達的時候，第一次唸班雅明的時候，都是如此。我總覺得，意思大概懂了，但絕對還有絃外之音。那些說不出的什麼，叫人至感困擾，無法超越，無法釋懷，更無法進行自己的解釋和書寫。我總是必須掙扎很久，反覆閱讀多次。我總是執著地想：「到底，到底哪個句子還能告訴我，到底，還有什麼在這裡。」

後來我就懂了。我明白在這種時候，我必須讓那些困擾和疑惑成為另一種不能立即轉化或修補的主題。或者說，我只能暫時讓它們的空缺懸著，我必須

時時審視它們，時時試著填補它們，在讀任何其他作品的時候也同時在內心某個深處繼續讀著它們。這些造成讀者困局的作品，一旦讀了，就得不斷在心裡讀著，在無法徹底領悟之前，隨時都會被它們牽絆。直到有一天，我突然發現，當年那個問題已經不再是問題，我不知道在什麼時候已經以自己的方法穿透了那個闕漏和空白，我已經懂了。

然後我明白，我不但是讀者，我以更大的力量，將那些文字寫進自己的人生裡了。

彼岸花

西藥房的空氣涼而苦，是酸痛藥膏的薄荷混了胃散的氣味。店不大，三面牆壁都是與天花板齊高的玻璃櫃，靠門的右邊還有一個算帳用的玻璃矮櫃。

也許是因為薄荷的涼氣和玻璃環繞的四壁，也或者是因為日光燈偏藍的光線，西藥房感覺很冷。玻璃櫃裡滿滿的陳列了各種藥品大大小小的紙盒，密密的從地上一直疊到天花板。一進門就給人一種錯覺，像是進入了無菌低溫的小屋，所有的藥廠商標和藥名像符咒一樣，阻絕了外面的細菌和病痛，好似不論怎樣的高燒和灼熱，到了這裡都能夠退散。

這藥房有個女兒，這女兒養一隻藍眼的波斯白貓。平日這貓不太走動，總是剔透端坐在玻璃櫃上，睜著水晶似的眼睛看人，彷彿是店家供奉的淨琉璃藥師佛，從門外經過就能看見它蓬鬆的法相。

引人遐思的自然不是白貓，而是那女兒。藥房的女兒大約廿七八歲，看樣子是沒有在外面工作也沒有嫁人，只在自己家裡幫忙。她是屬於資質穠豔的類型，非常適合在玻璃櫃後面賣唇膏或香水。讓她來賣藥，也非常適合賣美白珍珠粉，或是櫻桃口味的感冒糖漿。從她手中接過衛生用品或白色繃帶也都恰當，但是，向她開口問治療黴菌乾癬痔瘡膿包乃至於風濕痛關節炎泌尿問題的藥劑，就實在太尷尬太讓人自慚形穢了。

懸在門口的藥劑師執照雖是父親的，但平日幾乎就女兒一個人在外間看店，只有在特別要找少見的藥方時，女兒往裡面叫人「爸，配藥了」，灰髮的父親才施施然從裡間出來招呼。有時聽著像是喚父親出來定時吃藥似的。

看來是沒有母親了。相依為命的父女之間倒也沒有什麼多餘的話。

這女孩有時會坐在店門口的椅子上看時尚雜誌，白貓趴在大腿上，雜誌擱在小腹上，長頭髮垂下來散在胸前。雜誌封面的女明星瞪眼看著路人，路人都看這女孩。她身上似乎也散著藥房那種涼而苦的氣味。任誰都要納悶，這樣個女孩子怎麼如此冷清寂寥呢？

當然，藥房冷清總是好事，表示眾生沒病沒痛，天下太平。

冬日午後太陽斜斜照進藥房前的騎樓，女兒穿著大紅滾黑絨邊的對襟毛衣，倚著玻璃櫃而坐，牛仔裙底下的腳趿鑲珠拖鞋。在明亮金黃的陽光下，白貓偎著，像一朵透亮的火焰，她像一朵怒放的花。後面是青白色的燈光，褪色的藥盒子玻璃牆和又苦又涼的空氣。有什麼比此刻日光遍照的景象更警世的呢？這色相微塵，這疾厄無常。

外面眾生往來看見她，偶然間領悟了水中月，鏡中花，那領悟也染著塵色，配上車囂。白貓弓身打了哈欠，緩緩離開。

燒餅夾蛋

轉角的豆漿店是廿四小時營業的，賣的就是一般常見的燒餅油條豆漿、蛋餅包子飯糰。店面很小，所以把兩面牆都打掉了，反正廿四小時都開著店，要牆也沒用。既然是這麼開放的空間，擀麵煎蛋油炸蒸烤都在眾目睽睽下進行，這個角落不論什麼時候經過，總是熱滾滾的，水泥地上膩著油，人來人往的踐踏，都踩黑了。

如此生意興隆的店，却頗有戚容，因為它的一切看來都很臨時草率，像是隨時都可以收了不做。它沒有桌椅供坐食，僅兩張桌子隨意擺在騎樓邊，一旁

就是炸油條和烤燒餅的爐子，烘頭烘腦的，很少人願意坐在那裡吃東西，所有的人都是買了帶走。其他的器具箱籠雖是電氣化的設備，也是隨地將就擺放，沒有秩序和道理。可以想見當時倉卒成店，諸事潦草，沒想到竟然也成了事業，只好繼續這樣臨時著，也臨時了幾十年了。

我很懶，不願意清早出門買早餐，弄得滿頭油煙又走回家。所以只有趕計畫趕文章徹夜未眠的時候，我會在凌晨三四點晃蕩過來，買幾樣東西回家囤著，等補眠睡醒之後熱了吃。通常我買的是蛋餅。

在那種青黃不接的時候，凌晨三點，想要做什麼都太晚了，又，想要做什麼都還太早。黎明將屆的冷清之中，豆漿店在半休息狀態，我站在騎樓邊等著店裡的媽媽煎蛋餅。

一個打扮過於招搖以致妖仙難辨的女孩子走過來。在這低迷欲睡的時刻，看見這麼濃的眼影、睫毛和腮紅，這麼低領的亮片緊身衣，這麼驚人的迷你裙和這麼高的高跟鞋，全身發光閃爍，香氣迷離，不似人間之物，任誰都要清醒過來多看兩眼。她全身上下露著的地方比遮著的地方多，手腳勻稱令人羨

慕。她的臉繃得油水光滑，皮肉緊緻，是搪瓷娃娃的小臉，眼睛因為過多的描畫看不出原來的眼神，嘴嘟著，一看就覺得還是個孩子的嘴。頭髮直順一路披到腰際，一匹黑緞子。

我想她大概是從事特殊職業，但也說不準，也許她只是剛剛從哪個ＫＴＶ唱歌出來罷了。我想多看又覺得不妥，待要視若無睹，也覺得不對。店裡零零星星的人大概也同我一樣，不能決定自己目光的落點，一時間大家的眼神都吞吞吐吐的。女孩看來早已習慣自己會引發的騷動與尷尬，一副當之無愧全盤接受的表情。

另一個人走來，是個私人清潔公司的清潔員，身上還穿著制服。這是個健碩略胖的中年男子，紫黑色的臉，獅鼻深眼闊嘴，有極深的法令紋。

這兩人竟是熟識的，女孩喚他綽號，打招呼說：「喔你下班啦？」

清潔男子說：「妳這香水喔，遠遠聞到香，就知道妳在這。」又說：「買啥？」

女孩笑著說：「燒餅夾蛋和豆漿啦。」

男子意味深長笑說：「喔，嘿嘿嘿，燒餅夾蛋和豆漿喔，妳愛吃這不會膩，喔？」

女孩變了臉，啐了他一聲：「你講這什麼話。」做了個不屑的表情，把臉一沉，便不再說話。

我身後一個店員笑罵說：「別睬他，他就是這樣。」

此時我的蛋餅已經包好了。我還弄不清楚究竟這個爭議在哪裡，因此我慢吞吞地給錢。

男子還在笑，又說了一次：「另日我請你吃，喔？燒餅夾蛋和豆漿喔。」

女孩冷著臉，置若罔聞。店員又笑著斥喝他：「你是喝酒醉了？別再講了。」

男子又說：「我也真愛吃燒餅夾蛋啊。」說完又笑。

此時連我都聽懂了他話裡有話，原來有色情意味。這樣公然奚落一個女孩子，我心裡也覺得討厭。

這女孩不愧是風浪裡打滾過的，眼睛一轉，又笑了，說：「也不必另日，你

若這樣愛，今天這個就算你請我好了。」三言兩語輕輕一撥，就把局面閃了過去。

男子吶吶的，沒說話——雖是很小一筆錢，我想他不大捨得。他原先的氣焰陡地滅了，突然顯露他慘惻的生活現實。

昏昧時刻，冷清潦草的場所，聽聞這些對話莫名感到悽涼。

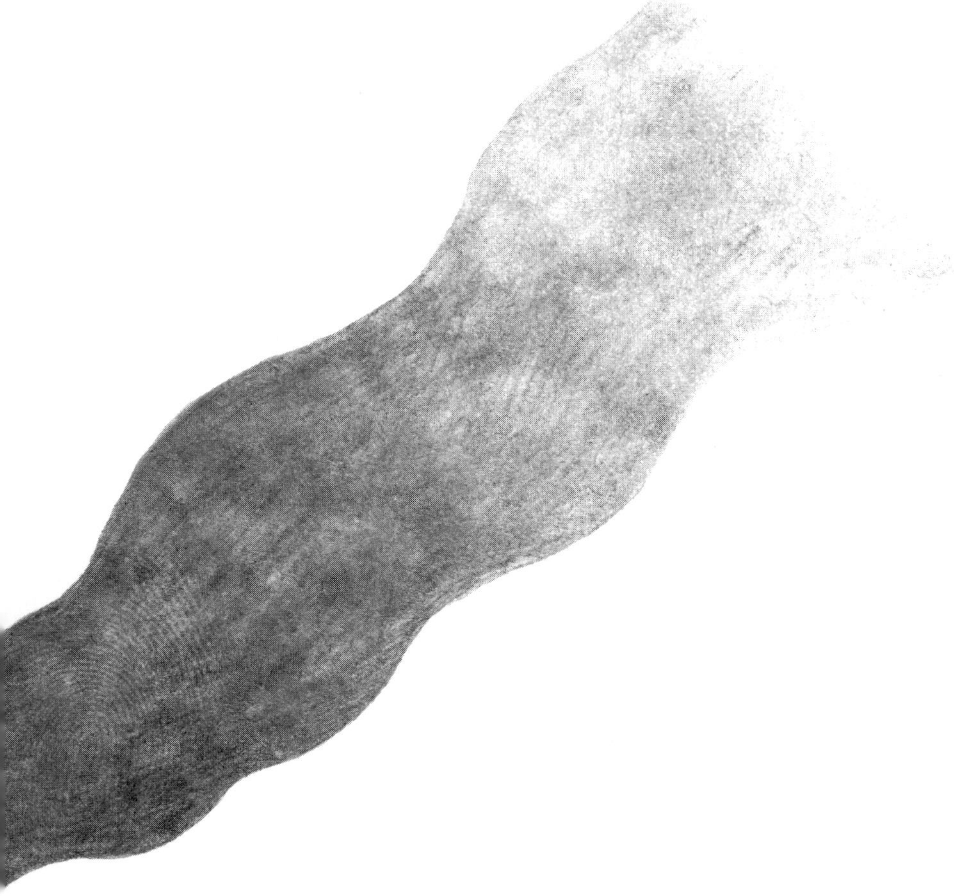

城市。

它不是一座堪稱輝煌的城市。它沒有巍峨的宮殿與尖塔在晨曦中緩慢閃耀斑駁褪色成為帝國的歷史背景以供鴿群和青鴉憑弔。

這個蒼涼的城市在歷史中斑駁褪色。至於鴿群和青鴉，如同世界上所有的禽鳥一樣，巍峨的宮殿與尖塔的輝煌未必能使之駐足，但任何陰影都足以使之振翅遠去。

清晨四點人行道上，鴿群和鴉雀咕咕，咕咕，四處漫步、啄食。

晨曦微微，他們小而謹慎的步伐像在微亮的緞被上踩著，測量生活的長度，一種溫和小巧的生活。走過之處一片斑白。

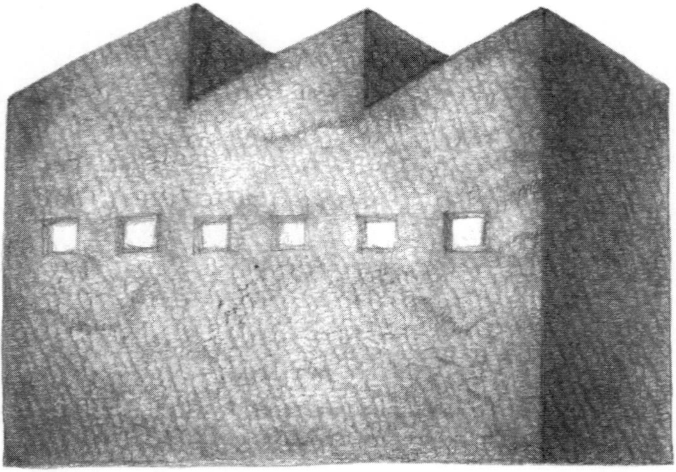

桂花湯圓

城裡的日子從來就不只是直來直往的正台大戲。城裡的時間也不永遠是節拍緊湊的急管繁絃。

蕭條的時節，誰能天天過著宏偉氣派的日子呢？林蔭大道始終那麼清雅，那麼一塵不染，高樓的倒影映在緩緩駛過的黑色賓士車的窗玻璃上，條理分明，侯門深似海。可是，台上的戲是八卦報刊上種種消息，首富的私生子女爭遺產；貪污官吏訴冤；知名女伶的地下戀情。

眾人一邊斥責，無聊，荒唐，一邊加油添醋講個不停，結論總是感慨，這什麼社會，這什麼道理。一般人的日子是一些帶刺的小犄角，刮別人的時候爽快，刮自己的時候無奈。這些刮人的小刺沒有太大的惡意，頂多是用來打發時間，消遣用的。

如今雖不是亂世，但也不算太平，小市民一旦談起時代的興衰，那更是恍若黃粱夢。幾個月之前日子還挺好的，怎麼突然就壞了呢，越想越慘澹，一條麵包竟然要這種價錢，這種日子怎麼過下去？雖然是問句，誰都知道沒有答案，像刮刮樂彩券，抱著小小的期待拿銅板刮，「銘謝惠顧」，乾笑一聲扔掉，也不怨誰，徒留一些膠屑，沾在身上拍掉就算了。這樣無奈的小日子。

一過農曆年，台北就飄起了陰涼綿密的春雨。雨下來了，時間的軌道就改了。雨急的時候，一切都飛快消逝。柔緩的時候，雨絲和雨絲之間有一道明顯可見卻又倏忽的間罅，像眾人都理解卻無法實踐的哲學概念。

哎，這實在太早了，也許還是冬雨呢？剛開始的時候常有人這麼疑惑。但這確實是春雨了，綠豆粉絲似的，透明涼軟，飄上身就不見了，也不覺得濕。

半晌，摸摸眉梢，潮的，像晨間醒來微微發暖的感覺。起先還以為是自己的汗氣，直到連衣袖都濕了才知道，真的是雨。

時序紊亂，節氣或世道都令人迷惘，未到元宵就滿城起了春霧，環山的杜鵑花於是不顧一切地開了，城春草木深，淒清的景氣中燦爛又伶仃。

有時雨霧漫漫，柔膩得像是雨絲終於化在空氣裡調勻了，蜜也似的從十層樓的高處慢慢兒往下滲。整日雲遮霧罩，遮斷青山，連一條街之外的建築都看不清楚。一城煙雨樓台，樓層低的人家只聽見杜鵑和鷓鴣的低呼，樓層高的開窗見霧，成了雲中君。人成日泡著水氣，全身酸軟像醃梅子酒，不由得感到此身雖在堪驚。

無風無雨也無晴的時候，一出門覺得莫名的冷，走了一會兒，又悶出汗來。所有惱人的病氣也隨著水氣懸浮在空中，山邊的街道瀰漫著腐葉和青苔的氣息，河邊的堤道飄溢水草和沃泥的味道。冬天裡被遺忘埋葬的那些，春霧讓它們都昇華了。

廣	告	回	信
板橋郵局登記證			
板橋廣字第83號			
免	貼	郵	票

235-62

新北市中和區中正路800號13樓之3

印刻文學生活雜誌出版有限公司　收

讀者服務部

姓名：＿＿＿＿＿＿＿＿＿＿＿＿ 性別：□男　□女

郵遞區號：＿＿＿＿＿＿＿＿＿＿＿＿

地址：＿＿＿＿＿＿＿＿＿＿＿＿＿＿＿＿＿＿＿＿＿＿＿＿

電話：（日）＿＿＿＿＿＿＿＿＿＿＿＿（夜）＿＿＿＿＿＿＿＿＿＿＿＿

傳真：＿＿＿＿＿＿＿＿＿＿＿＿

e-mail：＿＿＿＿＿＿＿＿＿＿＿＿＿＿＿＿＿＿＿＿＿＿＿＿

INK

INK PUBLISHING

讀者服務卡

您買的書是：______________________________

生日：　　年　　月　　日

學歷：□國中　□高中　□大專　□研究所（含以上）

職業：□學生　□軍警公教　□服務業

□工　□商　□大衆傳播

□SOHO族　□學生　□其他 ______________

購書方式：□門市 _____ 書店　□網路書店　□親友贈送　□其他 _____

購書原因：□題材吸引　□價格實在　□力挺作者　□設計新穎

□就愛印刻　□其他 ______________（可複選）

購買日期：________年________月________日

你從哪裡得知本書：□書店　□報紙　□雜誌　□網路　□親友介紹

□DM傳單　□廣播　□電視　□其他

你對本書的評價：（請填代號　1.非常滿意　2.滿意　3.普通　4.不滿意）

書名_____　內容_____　封面設計_____　版面設計_____

讀完本書後您覺得：

1.□非常喜歡　2.□喜歡　3.□普通　4.□不喜歡　5.□非常不喜歡

您對於本書建議：

感謝您的惠顧，為了提供更好的服務，請填妥各欄資料，將讀者服務卡直接寄回或傳真本社，我們將隨時提供最新的出版、活動等相關訊息。

讀者服務專線：（02）2228-1626　讀者傳真專線：（02）2228-1598

如此這般，春天的時間曲折得離奇。車子在霧中躊躇，挨蹭；行人在雨裡張望，咳嗽。路邊樹椏突然灑落一地雨水，原來是一隻鳥落腳歇息了。夜裡濕淋淋的燈火，映在濡亮的馬路上，上頭窗子的燈光是方正的，地下映著的光是糊的，像一雙淚眼濛濛守望著，往來車輛輾過，行人踏過貓兒踩過，它也不散。

就在元宵之前，朋友從美國回來，送了我一瓶潤膚乳，叫作「冬天糖蘋果」。那真是非常豐郁的甜，肉桂提味，還摻了樅樹的氣息。濕冷的春雨夜我拿這潤膚乳抹手，頓時像身處於北國乾冷的雪地木屋裡吃蘋果派。疊了大量的奶油和糖，異常的甜。這氣味是乾爽的冬天，有紅白條紋的羊毛圍巾，織雪花圖樣的毛線手套和垂耳帽，一邊哈著氣，一邊匆匆踏過雪地跑進屋子裡來，臉頰紅咚咚的，吃一口蘋果派，喝一杯熱可可。

糖蘋果的氣息雖然甜美，畢竟是冬天的香氣，在濕潤的春夜裡聞著，覺得自己像是一顆潮了的糖，水氣全凝在身上了。

元宵這一天黃昏，幾個朋友傳簡訊來說快看月亮好漂亮，我看了，沒回訊。另幾個朋友打電話來說吃湯圓吧。我說膩死了，誰缺那兩個湯圓吃。

她們說：「誰吃普通湯圓啊？是桂花釀湯圓耶。」

這桂花湯圓遠近馳名，水磨糯米皮，桂花釀清香柔滑，像觀音菩薩柳枝上的露水。它得特地到城的另一邊去買，晚了就賣完了。平常時候人就多，元宵這天應該更是排隊排得地老天荒吧。

我說排隊太累，算了。她們說，雖然平常也能吃，可是一年也就元宵和冬至兩天有特別意思，當然要趕熱鬧。又淡淡地說：「反正現在沒工作，時間雖多，難得有興致。」

一個多小時之後朋友又來電：「欸欸，我們在你家樓下，順便給你帶一碗了。下來領吧。」我大喜，奔下樓去。

桂花釀湯圓像幾朵飽滿的白雲緩緩浮在清澈的湯水裡，安分乖巧得叫人心都軟了。湯水已經涼了，我慢慢兒喝它，湯圓就溫馴地滑進嘴裡。

蕭索中帶甜，春天城市的光陰是這樣的滋味。

如何。

一片餅乾一片寂靜。夾在中間軟而滑膩的詞，
是鮭魚好呢，還是半融的香草冰淇淋好呢？

咖啡館

前陣子網路上流傳一張村上春樹早年在國分寺開爵士喫茶的老照片，年輕的村上穿著工作圍裙，坦直地面對鏡頭，看起來還很青澀靦腆，一副充滿理想的乾淨模樣。那店內的陳設很像九〇年代初台灣常常見到的咖啡館，樸質的木桌椅和長吧台，軌道燈和垂吊燈。

如果當時台北鼎盛的那幾間咖啡館從九〇年代持續營運至今，應該也會這麼令人懷想吧。但是它們就像青春時的愛戀，在你生命留下清楚的刻痕，還沒有來得及破敗，就一去不回了。

其實這樣也好。既然一切都不長久，一個人能否跟某個咖啡館發展出長期友好的關係，只能靠緣份了。所謂緣份是多重因素的重疊組合，在空間的安置、色彩、燈光、窗戶、植物、音樂、桌椅的大小、客人的群態、老闆的調性、咖啡的好壞之外，還有其他難以言明的巧合與天意。

對我這樣習慣在家工作的人而言，咖啡館是常規的退路，是避難所，是不得已的短暫流亡。有時候是因為住家大樓或後巷子施工打牆，有時候是因為自己的屋子有意外狀況，但更多的時候其實是出自某種溫和的逼迫和鞭策——再這麼混下去實在不行，我得找個沒有閒書沒有床沒有冰箱的公共場所，以公眾的壓力約束自己，不胡亂上網，好好做事。

我需要一張好桌子牢牢地鎮住我，我需要一方結界像透明膠囊那樣把自己閉鎖起來。

可是我的運氣非常差，通常我會抱著電腦，走遍一整個溫州永康青田區卻不得落腳，稍微熟一點的咖啡館都滿座。店老闆總以某種彬彬有禮的絕望和抱歉說，剛好……沒有位置了。這實在太像章回小說常見的情節，醫生診了

脈，客氣有禮地對家屬說，這，就要看醫緣了。意思是，沒辦法，他救不了你，這是緣份。

有些咖啡館我很喜歡，但實在是無緣。

有次幾個認識多年的老朋友回台灣，晚上九點約在某知名咖啡館。我曾聽聞那是文人聚集之地，售有幾種不錯的紅酒。

我興沖沖地去了，朋友們已經先開了一瓶紅酒。我沒法多喝，是個三杯吐，後半場完全是坐在沙發上昏笑而已。清醒的人高談闊論，我偶爾從昏厥中醒來插嘴，只是大概都不知所云。鄰桌客人多次請我們安靜，但是那氣氛實在太高昂了，我們根本靜不下來。後來大家聊起前男友，某友還打電話把她分手十年的前男友給叫來。那倒楣的人真的來了，於是兩人在眾目睽睽之下演出一段溫馨感人的大和解，我們大吼大笑拍手叫好：「這是前世孽緣！」

那晚眾人大肆喧譁，非常不堪，直鬧到咖啡館打烊。之後我再也沒臉走進那家咖啡館了，正是一夜孽緣。

海明威的最後一本散文集叫《流動的饗宴》，是他回憶年輕貧困時在巴黎吃吃喝喝的寫作往事。我想那可能是他最快樂的時光。那時他常到聖米榭廣場上的某個雅靜的咖啡館寫作。某日他先叫了一杯咖啡歐蕾，一個臉龐很美有如新鑄錢幣的女孩在他對桌坐下，他心情興奮，於是再叫兩杯蘭姆酒，在那個下午忘神地寫完一個關於密西根晚秋的短篇小說（我猜是〈在密西根〉那篇吧）。之後，他心情愉快，再叫一打葡萄牙生蠔和半瓶無甜白酒。我很喜歡這則散文，雖然只是咖啡館的午後瑣事，但一切予人明快爽利的印象。而且讓我很佩服的是，也只有海明威，才能喝了這些酒之後還神智清醒，寫完一篇簡潔深刻的故事。

我後來終於找到可固定長坐的咖啡館了。在永康街的巷子裡。我經常一坐就七八個小時。

能找到它也是個緣份。去年和前輩相約，不巧就約在那個我不敢再去的孽緣館。因是前輩指定，我不敢說不，只好心中忐忑羞愧地赴約了。豈知到了門前，發現它當天歇業，我大喜，真是老天憐我。

我們便轉進另外一條巷子，看見一清亮的前院和落地大窗，裡面空落落幾張大桌，燈光明亮，一隻大白狗趴著。前輩說：「咦，上星期經過都還沒有這家店呢。」噢，我們何其幸運，遇上新的咖啡館。

還有甚麼比新的咖啡館更令人期待的呢，這比新鑄的錢幣或美麗的少女更清新可喜。它輕易就賦予城市生活一點生氣和希望，它等著我們將生命浪費給它，等著我們消磨它，以話語、文字、咖啡渣和麵包屑灑它滋養它；它還沒有歷史，還沒有任何一只杯子或夢想在這裡打破，還沒有磨損任何靠墊和青春。它像剛出爐的瑪德蓮小甜餅，只有飽滿的未知和好奇的香氣，它很願意喚起或成為任何人的一部份。

我便推門進去。

它的光線、音樂和桌椅的高度都剛好，桌椅厚實沉重不是夾板而是實木。它非常寬敞，很大器地閒置空間。咖啡上來之後我就知道，是了是了就是它了，這是我一直在找的地方。它的咖啡特別濃釅，正合我意。

幾個大雨刷白的午後，安然坐在靠窗的桌邊看水花四濺，無聊又平靜。我想起美國民謠歌手蘇珊・薇格在《寂寥佇立》專輯裡那首清唱的曲子〈湯姆的餐館〉。午後在咖啡店內閒閒張望的心情，事不干己地看往來路人，一段都市裡無謂、疏冷、清淡而簡單的時光。

這篇稿子拖磨了整個六月遲遲寫不完，最後終於在店內放了綠洲合唱團高昂愉快的〈晨光榮耀〉的某個黃昏，一口氣寫完了。

輯三

躊躇不前的土星

只能憂鬱地迂迴繞路、裹足不前。
在傳統的廢墟裡收集有意義的物品、在絕境中輾轉。
對人冷淡，對自己要求苛刻，對未來缺乏信心，搖擺不定。

小男孩與絲襪

有個朋友很高，腿極長，頭髮也長，黑緞似的又軟又亮披下來。她不喜說話，不論在哪裡都像一塊黑色的冰那樣散著迷離的光。眼睛躲在披瀉的頭髮後面，魂兒飄飄，若即若離的。

某日在捷運內，她坐著靠窗的位置。對面有一約三歲的小男孩坐在母親腿上。這小男孩一路盯著她看，也不言語也不扭動，先是看她的長髮，看半天，又看她的腿。

這天她穿了短裙和黑底織金的透明絲襪。小男孩看了又看，看了又看，忽然一溜煙滑下母親的腿，湊到她這邊來，伸出手去摸她的大腿。

小男孩大約只比座椅再高些，所以是伸長了手臂特特去摸的。摸了這一邊大腿，抬頭看她，又再摸另一邊，表情十分理所當然，沒有一點胡鬧。

朋友嚇了一跳，男孩的母親更是大驚，連忙將他拉回來，連聲向朋友道歉說：「對不起，他很少出門，沒有看過人穿絲襪。」

這孩子不知道自己做了甚麼不該做的事，還是專注看著她的腿，還想再摸，但是母親萬分尷尬，硬捉住他的手制止了他。

在這孩子懵懂的童年裡，想必是環繞著友善的絨毛玩具、明亮的彩色蠟筆、儉樸溫暖的母愛和踏實穩當的家庭生活。一天，突然出現一雙隱隱危險的長腿，一頭烏亮滑溜的長髮，暗暗閃著黑亮的光澤——這是多麼充滿威脅與媚惑的物件。這晃來晃去的頭髮和黑底織金的透明絲襪在不辨正邪是非的童稚的眼睛看來，也許確實是需要反覆觸摸以確認其存在的吧。

這對母子下車的時候，那母親又向朋友道歉一次，要小男孩說：「姊姊再見。」朋友也笑說，再見呀再見，對他揮揮手。小孩仍舊死盯著她看，想摸又不敢，又不捨得，躊躇得幾乎要泛淚了。哎他大概第一次經驗這樣複雜的情緒，他的迷惑今日（或是今生）是無解了。

那麼叫人迷惘，卻又不能任意碰觸——這孩子就學會了慾望法則的第一課，啟蒙了。

此時，一旁的某個大嬸嘿嘿嘿朗聲笑了出來。那是了然於胸，是理解也是憐憫的笑。

宛如巧克力

這幾年來，街頭人群變得稀稀落落，街道冷清，以往那種難以忍受的紛擾和躁熱已經消失了。現在即使是整條大街封起來修築地下鐵，塵土滿天泥漿四濺，路人和車子也十分認命，不見一絲火氣——低著頭繞過去便罷，不問世事，徹底成了順民。夏天午後一陣大雨，滿城綠樹涼蔭，風過處水珠四落，一地濕漬，靜悄悄暗灰色。一個封閉、安靜、弛緩、小國寡民的社會。自給自足，無可奈何。

在這樣的氛圍裡，人的樣貌不太清楚，待人接物的規矩也十分隨便，看身邊

事物的目光倒是異常專注——專注得幾乎目光如豆了，連國家大事都像街坊鄰居那樣隔牆鬥嘴使小伎倆，什麼天塌地陷的事到了這城裡，也會化成吱吱喳喳的芝麻綠豆帳。沒有百煉鋼，只有一團亂絲。

這個欲振乏力的時代依舊不乏溫婉的時刻，在如此不知伊於胡底的時候，安定的力量就令人分外覺得可貴。

我在香港機場看見某個台灣旅行團，是半夜從香港返台的班機。這個團的團員看起來像是年過六十已經退休的公務員和他們的家眷，全部的人都是已經玩得極累終於要回家了的模樣。他們不怎麼喧譁，氣質溫和，頭髮略白，隨身攜帶的物品看上去都是要送孫子孫女的糖和玩具，有的還大費周章拎了一隻大熊貓娃娃。

這種氣氛於我十分親切熟稔，這群人約是我父母的年紀，職業可能也相似，所以我就格外注意他們的動靜。這群老先生不論是著方格子襯衫還是Polo衫，左胸口袋裡依舊習慣插著一枝筆。太太們的衣著簡便，可是頭上的捲髮還很整齊，而且，都這樣累又這樣晚了，她們還是抹了一點點胭脂，應該是

吃過晚飯後重新搽上去的。她們的臉上有一種平靜的愉悅，知道一路風塵終於結束，家裡的花草小狗一切無恙，馬上就要回家繼續早上晨跑喝牛奶，黃昏散步倒垃圾的日子。

他們的主要語言是台語，間或穿插國語詞彙。笑嘻嘻講一些我聽不懂的玩笑話，是這一群人過去卅年來在辦公室和公家宿舍朝夕相處，不必多作解釋就能明白的那種笑話。

這群人裡面有一位太太特別漂亮，看上去應該也有六十了，身型很瘦，一雙鳳眼瞇瞇。她年輕時應該是走清靈路線的，但是此刻她正和另一位太太吱吱喳喳計算免稅店買巧克力的價錢，兩人貪折扣，合買了十盒。她並不特別打扮，是笑容使她和別人不同——實在沒看過誰買巧克力也能這樣開心燦爛。六十幾歲的太太要能笑，首先日子要過得好，衣食無憂而且兒女成材，此外，身體也要好，無病無痛。可是要笑得像她那樣甜，一點風霜都沒有，恐怕就難了，她得要真心的快樂才行。我覺得人一旦過了中年，就很少人能那樣笑了。

我很好奇，不知她的先生是這群人裡的哪一個。他們全都錯落坐著，夫妻也不坐在一起，一時間看不出來。坐在我正對面有位白髮老先生始終頭也不抬看著手中的手機，此時他頭略側了側，也不看誰，手微微招了招，那笑容可掬的太太在遠處竟也就看見了，一會兒，她走過來，遞過一枝筆。兩人沒有交換一句話，也沒有一個明顯的手勢。兩人都避開對方的眼神，顯然是之前剛剛吵了架的樣子。

登機時，隊伍排得很長，眾太太大包小包拎著，這太太將手上的幾袋巧克力禮盒遞給那白髮先生，先生直接拒絕了，略略耍脾氣似的說：「剛才要妳別買，妳又買，自己愛買，自己提。」說罷便不再理她。其他太太們聽了都笑，氣氛有些尷尬，有人試著打圓場，但這先生偏不作任何回應。

這太太也笑，便收了手，說：「是買給誰的啊？還不是你孫子？」嗔視一眼，轉過身去，有些委屈的模樣，還笑著，繼續和其他人說話。

眾人又聊起此行其他的趣事，隊伍向前移動。趁大家不注意之際，她又不動聲色將袋子遞給先生，這次先生沒有抗拒了，他遲疑了兩秒，默默接了過

來。兩人都沒有看彼此，繼續各自和他人講話。這位太太的笑始終不曾稍減。我深深佩服。我原以為那笑很簡單，沒想到是這樣堅韌複雜的力量，我想她有她自己的法子，將情勢扭轉成她要的樣子。這是個聰明的女人。

書事

我是個會胡亂買書的人，買起來既不知節制，也沒有章法，買書的習慣也不甚固定。大致上，就是看我在哪裡突然起了興致，就在哪裡買。這種一時興起的採買，就不是一本兩本了，而是一口氣買一堆。

有些書要是當場看見的時候不買，過幾個月它下架了，也許就買不到了，甚至就絕版了，最後只能到拍賣網站上去搜尋。經歷過幾次那種失之交臂的心情，我買書就像曹操，寧可錯買一百，不可誤放一本。幸而書是很難錯買的。

可是這麼買幾年，書的安置就成問題了。

一開始都還好好的歸在架上，後來漸漸放不下了，就依照讀過了或是還沒有讀的分別，堆放在地上。再後來，就依照文學類或是學術類，繼續堆放。堆了一陣子之後，在地上的書已經比牆上的還多了。

如今我要找書得費一番功夫，一會兒站起來在書架上找，一會兒蹲下去在書堆裡搬移。書在地上總是橫著放，因此還得趴著找。這麼找的結果常常是自顧自坐在地上，像喜新厭舊的小孩看見新玩具，這本也翻翻，那本也瞧瞧，越看越高興，原來要找的那本書已經不再重要了。又或者，明明記得某書在某一堆，卻遍尋不著，再怎麼反覆查看，沒有就是沒有。越這麼找，記憶中那書的封面和觸感就越來越清晰，內容也越來越不可或缺，執念頓起，萬一真的沒找著，它就成為一個難解的心結，即使再買一本一模一樣的回來，心裡還是有疙瘩，像是被誰拋棄了。

幾年前搬家的時候搞丟一箱書，那一箱裡大部分的書我都不甚在意，可是琦君的散文集好幾本也跟著不見了，這讓我一直耿耿於懷，想起來就痛，因為

琦君的書是小學時媽媽送的，我反覆看了不知多少遍。這種空缺是填不滿的，現在每每看見補買的那幾本，就快快想起原來的那些。正如同我現在只要看見村上春樹的書，就想起多年前不知被誰借走了沒還的人間叢書版本的《遇見100％的女孩》。

無論如何，整理書還是快樂的，坐在地上為書擁簇，趴著，或是斜躺著，這少有的散漫時刻，身體和心一樣自由。

書堆裡的耽溺活動確實有一種渾然忘我的愉悅，只是實在沒有一點讀書人的樣子。

後來認識了幾個藏書家，他們的書架井然有序令人慚愧。滿屋子都是書，卻一點兒也不顯得狂亂，那些書看來已經受到了恰當的馴養，一本挨著一本，清清爽爽的，像是好人家的孩子，知書達禮懂規矩，不造次。如果細看，那就更驚人了，這些書不但是依照類別、作者字母順序、筆劃順序、或是出版社等等方式排列，甚至會有稀少版本或傳說中的初版書非常低調地陳列其中，曖曖含光宛如和闐玉。

也有人的家裡是從一踏入玄關就擺了書，一路走進去，只要有牆的地方都做了與天花板齊高的書架，連飯桌都為書環繞，即使書堆在地上，也別有風雅。他們的書架不刻意炫耀，自然地圍繞著，成了生活的容器，非常舒服。

猶太作家班雅明愛書成痴，他說：「擁有藏物是一個人對身外物品所能有的最親暱的關係。並不是物品在他身上復活，而是他生活於物品之中。」對一個藏書者而言，一切書籍真正自由之處，是在他書架上的某處。而他自己最愉快的時刻，便是生活在書堆裡了。

文具

有誰喜歡買文具嗎？有誰會因為買了一枝行雲流水的筆或一只俐落的橡皮擦而高興一整天呢？一定有人總是不斷尋找一種正確規格的筆記本，或是一種恰到好處的紙張觸感吧？有人非常在意鉛筆的狀態嗎？有人會為了膠水瓶蓋始終不長進而煩躁嗎？

又有多少人，只要隨便買個小文具用品，例如新出產的迴紋針，就可以重新打起精神來呢？

我正是這樣的人。我愛文具行。

文具行總是開在學校旁邊，它是與學校相生相息的商店。說起來，這種商店通常沒有什麼空間設計。這門生意不需要特別的光彩和氛圍，照明就是老老實實的日光燈，店的狀態又規矩又凌亂，所有的東西都零零碎碎的，侷促著，一種坐辦公桌的人生心情。四面的牆上陳列了各種檔案夾，走道中間的島櫃擺滿了鉛筆盒和夾子類的小東西，另外又一層一層掛著許多貼紙、書籤和吊繩飾品的膠板，筆櫃則一定擺在老闆可以不時察看的位置，上面的幾本計算紙被試筆的人塗得密密麻麻的，畫的都是圓圈圈，是遠古的人類最直接出手的文字雛型。

小東西，小東西，無數的小東西，整個房子堆滿了十塊廿塊的零碎小物，萬一不小心打翻釘書針，真的覆水難收。

文具行也是一個愉快的場所，它簡單、多彩而且豐足，它裡面所有的物品都有明白的功能，都許一個完滿解決的承諾。每枝筆看起來都像是更端正的字；每本筆記像是更清楚的知識；每捲膠帶是更緊密的連結；便利貼是更有

效率的小抄；檔案夾是更有組織的分類；長尾夾是更穩固的堅持。還有更多說不出所以然的小東西，怎麼看都猜不出用途，但它堂而皇之堆在那裡，就自有其存在的必要和理由，不可小覷，正如同0.38和0.5的筆蕊那麼斬釘截鐵的不同。

出國去的時候我也特別喜歡逛文具行，有些文具幾乎全世界都一樣，有些則是特別帶著那個社會的道理。在美國非常通用某種黃底藍線的筆記本和黃色鉛筆，讓人感覺很安分守己，粗樸，踏實，保守，像它的清教徒文化。日本正好完全相反，連一盒自動鉛筆的筆心包裝都精雕細琢令人捨不得打開，整間文具行閃閃爍爍宛若童話世界，一走進去就目眩神迷忘了出路，完全體現了這個文化的纖細和對細節的偏執。

我特別喜歡買空白的隨身型小筆記本，雖然根本沒有那樣多的想法可以紀錄，買的時候還是很雀躍，彷彿多一本在抽屜裡存著，就多一種思考的可能，它們那種空蕩蕩的白，比我自己的腦子更自由。我也喜歡買許多粉紅色粉藍色的筆，因為改作業的時候我喜歡用顏色淡一點的筆，如此那訂正和批改的語氣就似乎不特別強烈了。我也喜歡各式各樣的鉛筆，一枝一枝削得乾

乾淨淨，躺在抽屜裡，像不會犯錯的好孩子，即使犯了錯，橡皮擦輕輕就擦掉了，一點也不沉重。

即使到了這年紀，我看見文具行裡一整疊九宮格宣紙和少女漫畫墊板的時候，心裡還是會有想買的衝動。十五元一張的漫畫小貼紙，儘管不知道可以貼在哪裡，常常是想也不想就買了下來。色彩柔美的鉛筆盒、桃子香氣的簽字筆、摻了亮粉的彩色鋼珠筆、草莓造型的橡皮擦，這些東西還是像七歲的時候一樣叫我動心。

我還記得我的第一張寫字墊板，是某個日本少女漫畫的女籃隊，畫中女孩微微皺眉，眼中滿是星芒閃光，頭髮紅褐捲曲，作出正要發球的姿勢。長大後我一直想找這本漫畫來看，卻怎麼都想不起那漫畫的名稱。

買它的原因我倒是非常記得。當時是為了準備上小學，母親帶我去文具行買書包和鉛筆盒。那天母親心情好，特別允許我挑一張自己喜歡的墊板，所以我就很仔細地從一大箱墊板中挑了這一張。母親希望我選另一張小鹿斑比，但是我堅持要這張漫畫。我們在文具店僵持了很久，連老闆娘都出來打圓

場，母親後來拗不過我，很不情願地買了。

那張墊板應該是我第一次自己挑選的物品，是我第一次直面違逆母親，堅持到底，並且得手的物品。我一直用到三年級它才壞了，這三年間，母親每看見它就抱怨一次，而我也就更固執己見一次。

茉莉花。

童年的調子簡單乾淨，同樣的詞一再重複，沒有絃外之音，唱的就是字面的意思，白得不能再白了。即使有起伏曲折，也像是孩童單薄的嗓子走了調，像茉莉細細的枝椏蜿蜒，一朵小白花一個轉折音，一小朵，再一個，一路唱下去。

多唱幾次，轉折多了，一園如麗星，馨香裊裊浮上來，簡單的歌詞就有了別的寓意，暗中唱著誰的身世。

小時候學笛子，依嗚依嗚吹這曲子。我非常耐煩，但氣總接不上來，手也不夠靈巧，反覆練習同一個手勢，應該輕放的地方常常太重。所以那支曲子到了「送給別人家，茉莉花呀茉莉花」這一句時，就零零落落不成調。

大人嫌煩，說：「把你也送給別人家吧。」

我突然理解這曲子的絃外之音，感到非常悽涼了。

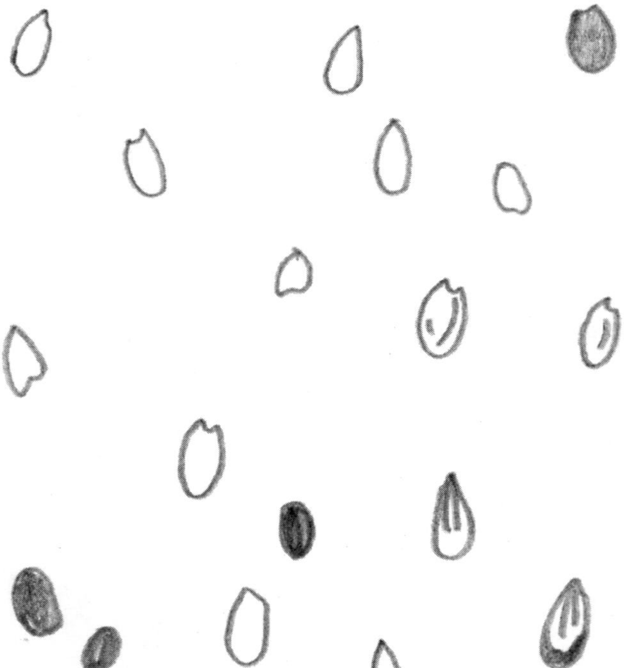

虛擲

這世上有多少事讓人覺得虛擲，在當下卻又別無選擇？例如，為了考試時可能出現的兩個題目，必須背下的大半本課文。或者，為了論文裡一條不起眼的註解，必須從圖書館裡借出五本令人頭疼的英文書。或是，為了應付刁鑽的客戶而趕工的簡報，臨時被主管輕易地取消了。

那些明知無望卻還是會去做的事：明知道自己會輸但還是不斷吶喊的啦啦隊。十五歲時談的不敢牽手的戀愛。在牙醫診所等待時為了殺時間而認真看的時事雜誌。一時興起而學的兩個月義大利文。大減價時搶到的最後一雙不

太合腳的靴子。從小到大收集的無用的廉價信紙和書籤。養了一個星期就病死的魚。明知一定會過去卻還是拚命期待長大的童年。

更大的虛擲又是什麼呢？選舉期間滿街飄揚的旗幟和耳語。隔夜就失效的每日新聞。瀕臨破裂邊緣時的談判與溝通。迫使他人服從己志的空泛概念。戰爭爆發前夕人們許下的幸福願望。戰爭爆發之後所有人的求存之道。戰爭時成千上萬的人在一夕之間死了，他們前一晚寫下的日記和溫馨的床邊祈禱，就這麼被虛擲了。他們努力唸的書，努力寫的文章，努力追求的夢想，全沒了。

讀班雅明的時候，特別容易感到世事的虛擲，以及在這虛擲之後更椎心的時代悲劇。讀班雅明寫於一九三二年的《柏林童年》回憶時，這個心情尤其沉重。也許是因為我們知道他的努力總是不受認可，他的期待總是落空。也許是因為我們都知道在他開始寫這手稿不久後，他將迫於戰亂而流離失所；再過幾年，經過了四處逃亡，他將在異鄉因絕望而自殺。然而，在一九三二年，戰雲密佈之時，他這樣珍惜那些記憶，懷著如許的熱情將它們寫下，似乎已經預知了他珍愛的一切——柏林的街道、冬日早晨壁爐裡的蘋果、豐足的農貨市場裡的女人、他收集的明信片和書籍、騎自行車的草地、可親的小

雜貨店、游泳池、聖誕節的杏仁糕，這些，將永遠地從生命中逝去。這個作品他斷斷續續寫了六年，始終無法出版成書，最後，一九四〇年他將稿件藏在巴黎國家圖書館，然後開始了最後的逃亡。他沒有逃亡成功，或者我們也可以說，他徹底從這世間、從他一再挫折的人生，逃走了。

但是，一九四〇年在巴黎的某一天，他是懷著什麼樣的心情將稿件藏在圖書館呢？他是否認為他不會再回來了？他是否認為他今生將永別歐洲？或是，他難道是希望哪一天還可以重回巴黎，把它從餘燼中找出來繼續寫呢？他是否懷著一個期望，希望有一天終戰之後，他的屍骨也許蕩然無存，可是他的作品將從廢墟的灰塵中被發掘，受到世人的矚目？我常想，如果這個手稿不是遲至一九八一年才被發現，如果是在歐美知識界都還不認識他的時候就被館員發現，那麼，當時還籍籍無名的手稿會不會就這麼被忽視了呢？

人人都期待從童年長大，誰能夠料想得到，長大之後的人生會以怎樣的結局收場；誰能預知自己前半生的努力和幸福將在日後因他人更大的虛擲而付諸流水呢？

《柏林童年》裡的時間凝結在一種溫暖的狀態裡，甜美溫馨沒有未來的狀態，那語氣像是一種封存，一種辭別，像普魯斯特的《追憶似水年華》第一卷。當時班雅明經過種種不順遂，已經心力交瘁得幾度想要自殺，他似乎已經預知了自己的死亡，他似乎也看見了末世與末路，所以他寫逝去歲月的筆調特別朦朧而夢幻。這種「沒有未來」的寫法在班雅明的作品中並不多見，班雅明是廿世紀初少見的不甚懷舊的歐陸知識份子，他即使寫歷史，對未來也都抱有非常樂觀的期待——正是這種未來感使他在日後受到重視，他是站在時代的門檻上向遠方眺望的人。這樣的人將目光投向過去的時候，他記得的枝微末節令人心驚和心疼。《柏林童年》回憶裡的事情多半是在冬天，在夜晚，儘管寫著看似快樂的童年，支撐這些回憶的還有莫名的恐懼和疑惑，病榻、死亡與犯罪，彷彿是隱隱地為了日後的人生預設了背景，又彷彿是他在日後的磨難裡終於參悟了從前那些不起眼但萬分凶險的伏筆。

其中有個非常短的小故事特別令我牽掛。班雅明說他小時候有個願望，這個願望和他在冬天早晨吃的烤蘋果一樣芳香。他說，這個許了千百次的願望真的在他後來的人生裡實現了，不過實現的時候他並沒有立刻察覺，而是在經過很長的時間，在每個希望能夠有固定工作並且豐衣足食的期盼都落空之

後，失業很久之後，他才發現，他童年的那個願望實現了，那願望是：他希望能好好睡個夠。

即使是童年的願望，不知為何，在班雅明身上看起來像是一種虛擲，像是童話裡狡詐的仙女給老實人三個願望，但是那三個願望都被老實人的單純給浪費掉了。這樣一個人，也就這麼被那虛擲的戰爭時代磨死了。

躊躇不前的土星

這些年來，由於「現代性」成為歐美學界的討論重點，班雅明的作品因而受到廣泛的重視，如今他的幾篇代表著作幾乎成為眾人必讀的經典。班雅明以文學評論為終生職志，寫了大量的散文式的評論。他那些謎樣的、充滿隱喻且晦澀難解的句子、令人摸不著頭腦的神祕主義傾向、不符現代論文寫作的邏輯，都讓後人又困惑，又著迷。班雅明的作品常常讓讀者忘記主旨，一邊讀，一邊就迷失在他的文字裡了。我常常覺得，雖然班雅明說這是靈光消逝的年代，可是他自己的作品卻充滿了無法破解的魅惑靈光；班雅明認為人要學著迷路，他的文章也容易讓人迷路，每一次讀都發現新的途徑和意義——

又或者，我私心揣測，這位憂心忡忡的寫作者是真的發現了得以保存文學靈光的法子，並以此完成他的每一篇作品，所以他的作品這麼難以摸透。

兩個非常著名的女人都曾經以熱切的文字介紹班雅明這個潦倒的猶太才子，一是漢娜．鄂蘭，一是蘇珊．桑塔格。

漢娜．鄂蘭在《班雅明文選》的序言中對於班雅明的窮途末路難掩惋惜。她認為班雅明生前無名而身後成名是因為他在歷史的跑道上跑得太快，超越時代太多，以致於他消失在時人的視野之中。這樣的班雅明自認個性「笨拙」，他的人生充滿厄運，總是作錯誤的決定，總是受挫、徒勞無功，既不會隨波逐流也不會逆流掙脫，他有許多偏執且不合時宜的癖好，並且時時感到身處廢墟與劫難，他是「一個遭船難的人想浮在水面而爬上已然傾折的桅杆頂端。」他也彷若底層的珍珠，「雖受時間浩劫的摧敗，頹敗的過程同時也是結晶的過程。」

鄂蘭的文章特別著重於班雅明反省的猶太復國問題、以德文書寫猶太苦難的語言困境、各種歷史救贖方案的虛假，以及從中衍生的徹底的絕望。對鄂蘭

而言，班雅明之所以特別，是因為他總能夠在看透事情的無望或無意義之後仍找出一方立足之地，雖然在最後他仍然為絕望所迫而自殺。

班雅明曾言他自己是在土星座下出生的人，所以蘇珊．桑塔格寫班雅明的文章標題為「在土星座下」，這個標題巧妙地為班雅明的一生作了註解。桑塔格寫道：「在土星的支配下，人會顯得『冷淡、猶豫、遲緩』」，「緩慢是憂鬱氣質的特徵之一，言行笨拙則是另一個。」這原是班雅明在《德國悲劇的起源》中的分析，班雅明認為，在德國悲劇裡，時間空間化了，它無止境延伸，沒有完成，沒有終點，因此角色無法採取行動，他們只能等。這是一種更深的憂鬱，出自對時代的無力感和焦灼，也是班雅明對於二次戰前德國盛行的歷史進步論的反省。桑塔格將班雅明對於憂鬱土星的說法加以發揮，反轉投射成班雅明個人的特質與氛圍。桑塔格這一篇文章成功地將班雅明具像化了，為文隱晦難明的班雅明在這種解讀方式之下變得相當明晰——面對巨大的時代力量，一個在土星座下出生的人只能憂鬱地迂迴繞路、裹足不前，在傳統的廢墟裡收集有意義的物品、在絕境中輾轉，對人冷淡，對自己要求苛刻，對未來缺乏信心，搖擺不定。

從一個人的憂鬱特質去理解他的文學和政治理念，確實提供了一條蹊徑，如此方得以看清班雅明為何對某些日常細微事物情有獨鍾（例如諺語、藏書和體積極小之物），而又對另一些集體事物有那麼深的憂懼和屢敗屢戰的意志（例如法西斯式的美學），甚至也能夠約略明白為什麼班雅明有些時候會非常激烈地突發異想（例如他意圖寫出一本通篇由引言拼湊而成的書），甚至作驚人之語（例如將文學與妓女作類比）。桑塔格這個視角透徹解釋了班雅明文字中那種鬱鬱寡合的曖昧和不合時宜的熱情，這樣的分析角度使得後人可以從班雅明理解文學的方式理解班雅明。

班雅明與這兩位推崇他的女性之間的相似之處除了猶太血統之外，就是他們都對法西斯主義抱有不妥協的批判態度。鄂蘭關切公民反抗與極權主義，而桑塔格因為干犯眾怒，批判美國出兵伊拉克而遭到輿論圍剿。奇特的是，和班雅明比較起來，漢娜．鄂蘭和蘇珊．桑塔格這兩個女性顯得十分幸運。她們不是躊躇的土星，而是終生發光發熱的太陽，她們是著名的猶太才女，一生堅持自己的政治理想並且為之努力不懈著書立說，她們在任何場合都敢面對千夫所指，大聲說出自己的看法並堅守立場。德國甚至曾以街道命名和郵票發行紀念漢娜．鄂蘭。

面對時代江湖難以挽回的狂瀾巨浪，讀這兩位光芒萬丈的女子推崇一位落魄文人的文章，特別令人體會歷史的諷刺與矛盾，以及屢敗屢戰之必要。

盲眼睛。

不知死活的孩子們對著小小的後門高喊：「出來吧！出來吧！」

一個小男孩像小蛇一樣將頭探出怯生生的洞窟。孩子們尖叫，嘩然哄散。

這男孩空茫笑著，不知道自己被捉弄了。

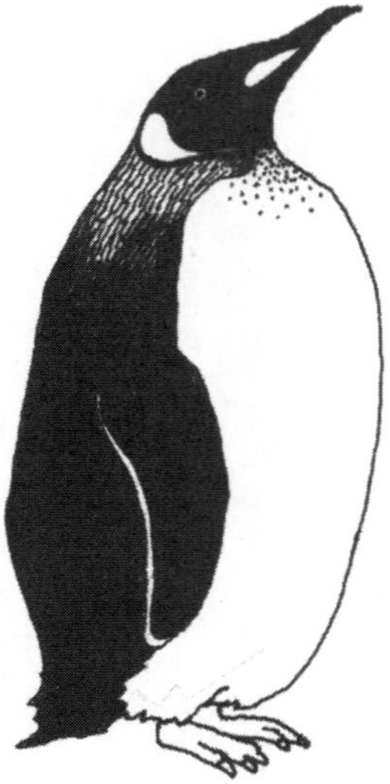

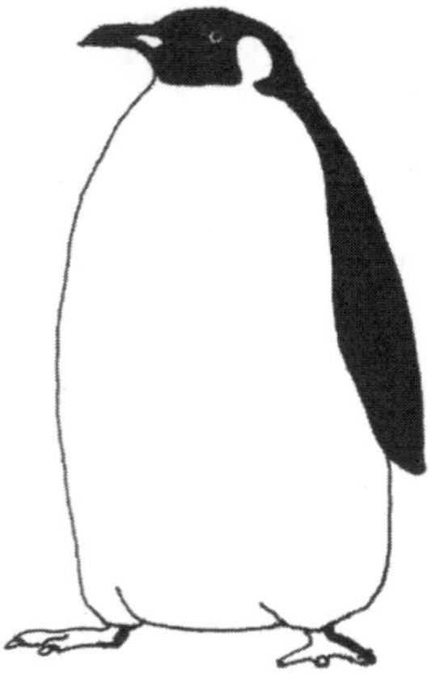

水煎包

有陣子我經常到一家不起眼的小店買水煎包。這店在某個老社區的窄巷子裡，沒有招牌，就是自家門前的騎樓上擺個推車那種攤子。選項僅三種，韭菜、高麗菜、鮮肉，紅漆寫在三塊小木板上，木板後三個不鏽鋼大盤，水煎包熱騰騰躺著，蓋白色粗布。老闆是個六十餘歲的瘦小男子，白面書生的樣子，說是退休的公務員。他話不多，也不知他哪學來的這個手藝。

第一次買只是因為看見有人買兩個韭菜包，白布掀開，蒸氣香氣瞬間冒出，油亮的煎包一個挨著一個躺著，看來很順眼，我就各買一個回家試試。我不

懂吃，但至少還知道它的皮不過厚，內餡也足，韭菜和高麗菜夠新鮮，剁得夠碎，鮮肉的肉汁也還行，不是乾巴巴的一團。反正是巷弄裡的便宜小店，這樣就算好的了，於是我偶爾會繞過來買。

大概是便宜的好東西口碑很快就傳了出去，這店後來生意變得極好，我常看見有人跨著摩托車在門口等，老闆拿個大塑膠袋將所有的水煎包都夾進去。多數人一買就是幾十個，我如果運氣好，就還有零星幾個可買，否則就得等下一鍋了。這種盛況持續了一陣子，老闆一個人實在撐不過，供不應求，後來我便常常買不到了。每每只見售罄的鐵盤子和軟塌的白布扔在一邊。

落空幾次後我就懶得再去，這麼一懶也就忘了。

前兩天經過，一時興起，就買了幾個。我問老闆生意是不是還那麼好，他搖頭說，差多了，「有一陣生意好，每日忙得霧煞煞，做得樑骨都歪了。本來想收手不做，可是退休金投資股票賠了，現在哪敢收，只好硬撐著。誰知生意越來越差，比以前還差。」

「真歹命喔歹命。」他愁苦地搖頭，別過頭去看地上，彷彿想都不願再想。但他收了我幾十塊錢，雖是小錢，也算客人，因此他又正面對我說謝謝再來喔。說罷，彷彿覺得這話也悽慘得難以面對，又別過臉去了。

我發現這店面確實潦倒了，連那些水煎包看起來都瘪瘪的，沒賣完的也不保溫，隨便蓋條布。水煎包只要冷了就難吃，而且皮不透，麵粉也不發，隱隱有股腥味，感覺很生，只好單吃裡邊的餡。餡也不像以前那樣飽滿了。唉，他真的被打垮了。

是啊，這就是窮的滋味，我心酸地想。

病院

凡人能夠在醫院裡走動出入而不須掛慮生死之事，是何等幸運啊。在這冰涼冷靜的建築裡，在默默離開與鮮烈到來的生命之間，在支架、推床、輪椅、拐杖、管線所連帶的軀體之間，知道自己或關切的人暫時倖免於生死的磨難，得全於天，是何等幸運啊。

超巨型醫院龐大複雜有若生命療養工廠，它的運作急促又凌亂，人來人往，滾輪聲、報號聲、護士唱名、小孩尖叫啼哭，病患抱怨，熱鬧得不像疾病場所。在幾棟樓之間上下往來奔走時，我總是被那喧囂的茫然弄得筋疲力竭，

也不知真的是路途阻遙，或是我心神不寧惶惑不知去處所以覺得迢迢。

一個生命若送進了這場所，它必得經過這個試煉場的重重考驗，身體與精神都耐得住，才得到繼續存活的許可。

外科病房的樓層還算安靜，兩人一間。其中某幾間的病情想必已無大礙，探視者聊天的音量略高，氣氛歡樂。可是那笑聲越聽越不真實，我無論何時經過那病房，總是有人高聲說笑。那笑聲太愉快了，聽久了讓人覺得不踏實，彷彿刻意掩飾著甚麼欲蓋彌彰的壞消息。醫院裡的話語通常是真實和謊言交織，歡樂也許是悲傷的代幣。

在虛實難辨的氣氛中，我們這一間鄰床的年輕男子已經確定無礙。醫生剛剛確認，他明天可以出院了。因此這男子一整天躺也躺不住，站起來推著點滴架在病房裡踱步。

照顧他的應該是女友，這兩人講話常沒頭沒尾的，這一方才開了口說：「嗯那個……」另一方就接了話說：「好啦。」男方的家人僅僅來看過幾次，一

般便溺等事還是由女友料理，做這事時女孩有點不好意思，男子也稍稍避著——正是從這一點上，看得出來他們還沒結婚。

這男子毛髮濃密，高且瘦。女孩似乎還是學生模樣，白皙得像是未經切割的嫩豆腐。兩人都很漂亮，但很能鬥，隔著簾子常聽見兩人拌嘴，都是些無聊小事，吵起來也是沒頭沒尾的句子。

「幹嘛啊？」「喔這是甚麼？」「好煩欸。」「啊，這也難怪。」如此平行無對焦的對話一整天，我在一旁都聽得發暈。

晚上男子的兩個朋友來了，女孩讓他們坐探病椅上，自己坐到床尾去。男子躺著喝珍珠奶茶，咕嚕咕嚕，元氣飽滿和朋友討論公司的事情。女孩只是坐著沒插嘴，偶爾拉拉他的床單。

我坐在裡面這一床的探病椅，從我這個角度看去，只看得見布簾子和坐在床尾的女孩，以及男子躺著的腳露出一截子毛腿。男子們自顧自聊著，沒特別理她。但那毛渣渣的腳靜靜抵著女孩的腰側。

女孩將手肘擱在男子的腳板邊。偶爾跟著他們的笑話笑，偶爾看看說話的人，有時挪動他的腳，但多數的時間，兩人就以這麼不起眼的方式依偎著。女子白皙的手肘和男子的毛腿定靜靠著，一副跟定了彼此的模樣。

我們這一邊都看見了，都在心裡偷笑了。

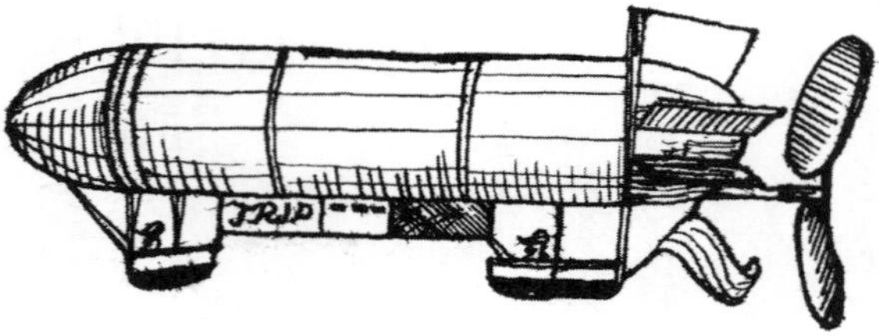

晃蕩。

這小小的世界跌宕顛簸，粗礪、喧譁，間有巨雷暴雨。
有人煩躁地推擠他人，但也有人淡漠地睡著。

在公車上。

沉靜的讀者

一陣忙亂之後的空檔裡，一個人坐下來，喘口氣，環顧四周，會感到有點陌生，像是從昏眠中醒來，睜眼看見這些包圍自己的牆。也像是忽然從另一個人的眼睛看見這個獨坐的自己，醒悟方才的忙亂有多麼失神和盲目。

通常，真正困難的事會令人感到既駭且鬱，而令人感到煩亂的，多半只是一些不需思索只憑直覺和常識即可完成的瑣務，這種事情的內容其實是七手八腳地回應事物的尖叫。即使事情忙完了，心裡還是亂慌慌，覺得世界還在高聲叫喊。

聽音樂未必能解除這種煩躁，此時聲音只會使心神更起伏。這種時刻需要的是收攝、集中、凝聚自己，將發散的知覺收回來，讓自己不再漂移波動，讓自己重新回到此時此地。或者也可以說，讓自己離開此時此地。

閱讀是極有效的法子。

閱讀是奇特的活動，它既使人瞬間回到當下的自己，它也使人瞬間離開當下的處境。一個閱讀者僅僅依靠眼睛將他帶入密集的心靈活動，諸多感官均處於微弱狀態，他聚精會神看著紙頁，他其實看見他方；他坐在這裡，但其實人在他方。又或者，他其實也沒有看著他方，他也沒有在他處，他在自己裡面。閱讀者是一個向內凹陷的黑洞，能量向內凝煉。他自成一個星系，他看似沉靜，但是他經歷無人知曉的重力、光芒和爆炸。

我嚐試過不同種類的書籍。煩躁的時候，詩似乎無法將我定下來，也許是這種文體的文字密度雖大，但是意義的留白也大，吸附的力道不夠，我總是一會兒又飄開了。小說的文字雖密，但是意義太起伏，心神不寧的讀者無法好好兒跟著文字走，一個轉折沒跟上，馬上又焦躁難安。真的很煩的時候，我

常常會盯著某一頁發呆，一個字也看不進去，兀自想著剛才的事。有時候則是，逐字逐句看了好幾頁才猛然驚覺，我在看什麼呢？看了這幾頁，完全沒有感知這些字的意義，完全不知道這幾頁寫了什麼，只是漂浮在字的表面而已。

後來，我發現某些玄妙的理論書可以讓我靜心，特別是玄之又玄的法國當代批判思潮。這些理論經常以詩一般的文句寫成，文字的密度極高，幾乎不留空白，也沒有太多的內情起伏。它們引述大量的典故只為講一則細微的道理，在一個抽象的論證上翻來覆去地拆解、重構。這些書平時讀起來非常困難，可是，煩躁的時候讀它們，懂不懂還在其次，倒是有奇特的安定作用。

也許是習性和訓練使然，遇見理論詞彙的時候我會立刻打開腦子裡的某個閥，進入學生時期的專心狀態，將世界摒除在外。這些文字散發某種俗世之外的幽光，它們將讀者引入非常抽象的境界，一旦進入這樣精妙細密的理路裡，人自然就靜下來了。只要讀懂一小段，想通一些論點，人生的秩序彷彿就回穩了。

某個黃昏，我又坐在辦公室裡想辦法安定下來，我感到腦子裡有太多事情狂

奔打轉，我又看著四面包圍的牆，我看見的是人生的牢籠。越是這麼絕望發呆，思緒就越亂，人也越疲憊。我試著看一點理論書，但是文字不斷從眼前平滑地溜走，我無論如何都進不去，我找不到逃走的門。

後來，我拿起薩伊德的訪談錄《權力、政治與文化》，這是一本精裝書，中文版厚達七百餘頁，我曾斷斷續續看過其中幾個訪談，始終無力看完它。這一天我從第一頁開始看，他的第一則訪談正好是對於某種前衛且抽象的理論以及學院知識份子提出批評。

這本書不但不能靜心，反而是將某種強而有力的思考方式注入我腦子，我感到一點一點在瑣事中崩垮的思考軌道因而得到堅固的支撐，傾斜的天平又回到危危懸著的平衡點。「我為何在這裡」以及「我為何做這些」的信念又回到胸口。薩伊德的對話紮實而有力，真的會讓在制度中僵化的槁木死灰復燃——我重新燃起不能屈服的意志。

沒有比賦力的文字更能安定人心的了。

當然，整個黃昏我只是靜靜坐著，低頭看一本書而已。我看似沉靜，但是經歷了無人知曉的重力、光芒和爆炸。

輯四

過於遙遠的煙花

但金烏玉兔何太急，宇宙豈肯日日施捨如此絕美於我輩？
於是，罔然。

春日午後的甜膩及其他

春天的午後像花瓣一樣柔軟而緩慢，薄而透，溫度和濕氣一點一點微微起落，像是釀著什麼燉著什麼，聲音氣味和色彩都化在一起了。近黃昏的時候，捂了一下午的春暖氣息膩得人發昏，再堅硬的骨頭或念頭也都繞指柔了。

就在這又熱又甜又軟的氛圍裡，黃昏的煙塵一蓬一蓬浮上來，我聞見了某種更熱更甜更軟的氣味。這氣味也不知道該說它應景，還是說它錦上添花烈火烹油——哦，這的確是烈火烹油，那一鍋子油噼噼啵啵冒泡飛濺的聲響隔著後面防火巷，都還清晰得讓人怕濺著了自己。

這味道和聲響都非常熟悉，但是某種不明的錯置讓我一時無法指認這究竟是什麼。這是鐵鍋熱油炸著什麼的聲音，這是某種熱甜軟的食物，它有某種豆果的香氣，我知道它的口感和味道但忘了它的形狀，因此它落入了語言外的黑洞，我全身的感官都認得它卻偏偏說不出名字。

短暫的失語狀態使得語言之外的其他印象浮了上來。這些都是多年來不曾想起的視覺碎片，我想起了母親的淺紫毛線衫和暗紅厚棉褲，還有老家廚房的白色瓷磚，又沉又重的黑鐵鍋，飛濺的熱油激烈地慶祝著什麼，以及那些在油裡翻滾的炸物——它們看起來全都歡欣鼓舞的，白色大瓷盤裡高高疊著炸好的金黃的這些，偷吃的時候嘴裡燙得不得了。它的小渣屑也非常好吃，油滋滋的手隨便就往毛衣上抹。

記憶的蒙太奇何其巧妙，兩秒之內這些視象迅速冒了出來。

哎，炸年糕！都過清明了這！東南風又潮又悶，後巷子某戶人家竟然炸著紅豆年糕。真是不合時宜呀，我想。誰從冰箱的底層發掘了尚未發霉堅硬如石的舊糕？這樣黏膩，濕熱，甜爛的日子，也不怕上火？

這氣味原是屬於過年期間呵著白霧哆嗦的寒冷，應該有鞭炮聲和風乾臘肉的氣味遠遠地襯著，它應該和俗爛的賀歲節目一起囫圇吞下，最好還有冬片茶釃釃一壺，讓人清醒得足以消化並忘記舊事。怎麼忽地從這密密滲汗的春日午後出現，難怪整個感官記憶都錯亂了。

我走到後陽台上去確認這無端出現且過於滋補的香甜。糯米裹了蛋液之後下熱油發出的特殊甜氣，紅豆淡淡的青澀的香，炸油在鍋裡咕嚕咕嚕急促而深切的回音。

這麼聽聞著，彷彿已經吃了太多，竟隱隱地胃痛了。

迷迭香嫩雞

赴晚餐約會的路上我看見他們。我是先看見男子，才看見他身邊的女人。男子約五十幾歲，正是非常有魅力的灰髮年紀。他的淺藍襯衫相當平整，沒有皺褶，領口袖口也沒有鬆垮，卡其褲乾乾淨淨並且燙過，他不是穿涼鞋或西裝皮鞋，而是一雙看起來很舒服的休閒皮鞋。沒有浮誇氣，也沒有銅臭味。說起來，與他同輩的男子中，不邋遢不油膩的已屬少見，氣質能夠如此乾淨整齊者，則幾乎沒有在街頭見過。

我再看他身邊的女人。奇怪的是，我看不出她的年紀。她也像是卅七八歲，

也像是廿七八歲。頭髮過肩，尾端燙了波浪。她的舉措有些世故，像是工作多年看過風浪經過起伏的人，沒有年輕女性慣有的雀躁，相當從容自在，所以看著像卅幾歲。但是她的面貌又過於平整光滑，衣著是一般的上班族式樣，絲質白襯衫，珍珠灰套裝，肩背小小的黑皮包，這皮包倒不是明顯的名牌，略有磨損的黑高跟鞋也不是——這些儉樸的原因讓她看來像廿幾歲，因為如今卅幾歲的上班族很少不卯盡全力打點自己的了。

兩人走在一起的距離不遠也不近，不親也不疏，很隨意。我覺得他們不是職場的關係，通常職場上的員工關係會顯現在相當細微的面部表情上，下屬總帶著習慣性的笑容，嘴角微微上揚，目光卻相當警醒，親暱中也帶著緊張和逢迎，像一隻兔子注意狐狸的動靜。這個女子眼裡沒有這樣的緊張，反倒是渙散得彷彿要打哈欠了似的。

她一點也不怕，所以不是工作關係。那麼是情人嗎？他們也不怎麼熱烈注意彼此，所以也不像是情人。

她若是年紀大些，也許是保養得宜的妻子。年紀小些，就是受寵的女兒。偏

偏她的年紀看不出來。因著這一點，他們的關係就顯得有些捉摸不定了。在台北，一個無聊的路人若是願意仔細觀察，這種費人疑猜的情景實在太多，倒也可以好好地評頭論足，打發餘暇消磨散步時光。我心裡匆匆掠過這些念頭，還來不及多想，就走過他們了。經過的時候我聽見他們的對話，女子說：

「哼，誰理你呀。」

這話大有玄機。它有兩個極端的表意，一是輕蔑的拒斥，二是撒嬌。我下意識回頭看她，她正笑著，有點故作姿態地看別處。那笑也是難以捉摸的。我被她謎樣的笑給打動了——我的確是個無聊的路人。於是我懸著心，不情願地走進和朋友約好的西餐廳。

我和朋友提起這一件事。我說，我猜是女兒，因為那神情讓我想起我和父親的對話。朋友是個見多識廣的精明人，她說，也可能是情人吧。我們就這麼事不干己地聊，當作閒話的開場，但話都還沒說完，那兩人就走了進來，而

且不偏不倚正坐在我們旁邊這一桌。

我和朋友使個眼色，連正事也不談了，只是聽他們對話。

女子問：「吃什麼啊？」
男子說：「都好啊。」
女子說：「嗯，我想吃迷迭香嫩雞。可是鱈魚好像也不錯噢。」
「那就點這兩個吧。什麼香雞的和鱈魚都分著吃吧。」
「那你吃太少了。」
男子說：「沒關係，再另外叫個蛤蜊麵啊。」

我心裡笑著想，唉，他其實本來就是想吃麵的。他這個讓步的舉措也非常像我父親。

整晚上他們的對話十分家常，可以是任何一種關係。可以是父親，也可以是情人。但我總覺得女子的態度頗任性。不論是哪一種關係，可以如此散漫且家常，令人羨慕。

見多識廣的朋友後來斬釘截鐵跟我說：「對，是女兒沒錯。」「道理很簡單，」她說：「男人只有對自己的女兒才有這樣的容忍。女兒是父親永遠的情人。」

散步回家的路上我仍舊想著，剛認識的情人，大概也是如許女兒狀吧？

簷下。

冬夜冷雨，在小巷低頭疾行。瞥見路旁窄簷下有一年輕女子蹲坐某戶人家的門前階梯，黑傘抵肩，靜靜凝視滿地黃花落葉，是在等誰吧，那神情寂寥得發痛。

貼著現實（並且在無效中實現）

眼下，沒有什麼比現實這概念更令人懷念的了。現實這個概念像是童年，或是父母的院子。它如此陳舊而美好，不像我們此時此刻經歷著真假混仿錯置的一切，它比現況更完整，它有清楚的指意關係，有時空的秩序和真假的對應，還有極其簡單明瞭的事物的倫理，它是我們不明白卻又樂於棲身其中的失落的宇宙。在一切語言和意義的崩亂尚未發生之前，現實無庸置疑，它像一塊乳酪那樣發酵得宜，穩妥地包容在封蠟裡，它綿密又柔軟，以極緩慢的速度融入你的身體；它也像古老的黑膠唱盤，一遍又一遍重複相同的說法，它有細密的迴路和溫暖的雜音——那雜音是一支理所當然、叫人深信不疑的

童謠。現實的範疇則是像一道紅磚砌成的老牆，拘謹而溫柔地圈守著我們。

但是我們現在永遠地失去它的原貌了。無疑地，我們依舊感到「現實」存在，但我們也感到某種詭計已經施於其中，它更為狡詐地以過度清楚的方式將一切傾倒宣洩出來，它有光影一般變幻莫測的特質，如果某個片刻略為朦朧，是因為速度使之模糊，而非其本貌。如果我們能將它停下來細看——如果我們能夠——那麼它的每一剎那都清楚得嚇人。

在朱天文極其精采繁複但是又令許多人困惑（不知算不算小說的）作品《巫言》裡有這麼一段敘述：（可能是侯孝賢的）導演意圖拍攝絕對現實，每日黃昏在山中與光陰纏鬥，追著初升的圓月搶拍，只為追回某日錯肩而過的月色。但金烏玉兔何太急，宇宙豈肯日日施捨如此絕美於我輩？於是，罔然。又說，導演欲拍「當下」，無意義的當下。意即：全部的表面的現實，將攝影機乃至電影工業整個隱匿不見但是將時間空間全部的現實保存下來。一段現實切片。一個絕佳的當代取樣。原封不動的光陰標本。一個絕無意義的日常生活。當然，這徒勞之舉面臨「日常的永遠無效性」此一無盡龐大的迴圈，還是，敗北了。

然而重點不在這則故事中的故事而在這本書（小說？）的敘事方式，當然重點也在這一則故事因為它暗藏機鋒，因為這正是一則關於此書的寓言。朱天文以兩百頁的長度經營一個巨大的文字迴圈，此迴圈假亦真來真亦假，在這一則故事之後，迴圈結束，敘事便進入了（讀者自以為可辨識的）現實。在此之前看似虛構的段落於這一段故事中揭露其所言皆有所本，只是那原本的當下現實浩渺難言，剎那即永恆一花一天堂，若非以如此迷亂紛飛的快剪拼貼，無以呈現其本來面貌之萬一，因此，只有將現實的時空結構拆掉重來，我輩方能以其他方式經驗此現實。亦即，不在時空的定性結構中經驗它，而在感知的內在層面中經驗它。現實如此狂暴誰能條理講述？把時空結構打掉，不按照語言的線性規則行進，那現實就了然了，你不必也不能看清它道盡它，但你可以貼近它。

這個叫人目眩神迷的文字迴圈以複雜的多音軌多歧義的併置法做到了（那個可能是侯孝賢的）導演意欲完成的時代現實紀錄。它不斷回繞擾亂時空秩序，因此魔力強大得足以與「日常的永遠無效性」相抗衡，時間在這樣力挽狂瀾的文字裡幾乎停了下來，幾乎。幾，乎。

但它畢竟沒有停下來，作者的父親逝世了。下半本的一百頁，敘事主軸藉著大量摘述其他的文本，回歸至「永遠無效的日常」。不過這樣的日常有了其他的意義，因為「現實」的困境被作者巧妙地暴露了，作者在小說的虛構型式裡先行假設並摻入了偷窺的閱讀位置。因此，可供讀者辨識的諸多作者生活細節及其家人活動，是在表現形式上邀請讀者偷窺，而讀者在閱讀過程中便參與完成了一段超文本的擬仿——你以為你在讀著一本小說嗎？或是你以為你在讀著一本八卦刊物？此刻你帶著什麼心情在什麼位置讀著？你覺得這些都是真的？你想從中汲取什麼事實嗎？這已經不是文本擬仿，而是閱讀的脈絡擬仿。擬仿當今的再現型式、閱讀行為、虛構元素原則、以及我們習慣的「現實」（是的這個詞彙至此已經需要加上引號了）。若非「現實」如此瀕危，何需猛藥若此。正如同（可能是侯孝賢的）導演試圖抹除電影工業的痕跡以挽救（已杳不可得的）現實，作家朱天文打破小說的慣有型式，活生生地將「現實」掐了一瓣下來。

如果我們還記得何謂（可能是侯孝賢的導演追逐的那種）現實，那麼，那些過去我們稱之為虛構的作品，如今看來是多麼地遙遠而美好，多麼地寫實。而此刻我們置身其中的這一切，又是多麼地虛構。這虛構，便是我們手中僅

存的唯一的「現實」了。欲寫此實，過往的虛構法不復有效。因為當虛構成為全部，純淨美好的現實再現也就一併無效了。

逝者如斯。我們看見，生命的意義是在日常瑣事的無效性裡證成的。

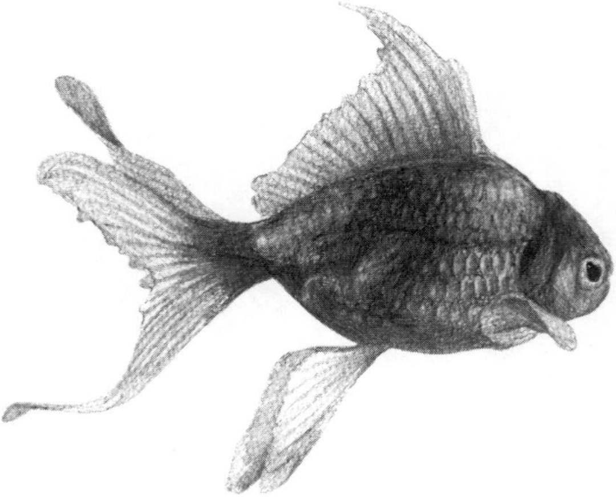

過於遙遠的煙花

好幾年的跨年都在煙花燦爛中過去。如此揮霍地將巨額的火藥和紙片在瞬間炸成火樹銀花的奇觀，什麼也不留，確實是一種再貼切不過的時光儀式了，它簡直像個寓言，因為它是這樣如露亦如電，是一場目眩神迷的空，在當下十分出神，清醒後萬分悵惘，可是那霎時的感動又這樣恆久——視覺的，身體的，眾人共同經驗的一瞬。這正是時光，及其消逝。

如今也只有這短暫的狂歡可以讓這個城的人興高采烈地以非政治的理由聚在一起。而且還循規蹈矩一團和氣的。

那晚我和妹妹以及朋友們在家裡看煙火轉播。其實我們出門走一段路就可以看見煙火了，但是我們覺得電視轉播的視角應該更完全，而且外面又冷，所以情願留在屋子裡看電視轉播。這真是非常後現代的決定。孰料電視的轉播畫面令人十分失望，因為爆破的火光太強而造成殘影，畫面糊成一團，每一台都差不多糟。

我們啼笑皆非地看完煙火轉播，想到那與我們無關的燃燒的金錢，眼睜睜地化為過眼雲煙，索性轉台去看看購物頻道在跨年的這一刻賣些什麼。結果賣的不是特別精采有跨年意義的商品，而是一些我現在完全想不起來的不重要的東西，俗常的家用品，彷彿這是尋常日子的某一天，應該考慮是買一把拖把呢，或是一件衛生衣。這是我第一次感到購物頻道比現實世界更冷靜更理智。

此時，在煙火現場的朋友傳簡訊來說：「在現場也好像在看電視。只是結束之後不能轉台看別的。」（這個說法比我更後現代了。）他們擠在疏散人潮中排隊等著進捷運站，出於無聊而狂發簡訊。真是涼冷的、既無限逼近又無感的、影像中介的人際社會關係與夜晚。在喧囂群眾的亮光中，在高樓奇觀

的陰影下，在視覺的極度震驚與狂喜之後，日常生活顯得格外冷靜而空闊，有點多餘，有點不知如何是好。

我們瑣瑣碎碎聊著這一切。然後我們把電視關了，喝掉兩瓶廉價紅酒，吃掉一小盒燻雞，一邊咀嚼科學麵，一邊安然迎接新年。

向光。

午後天光像剛剛拆封的威化夾心餅。從陰濕的房裡推門而出，
唰啦，滿頭滿臉都是乾脆的陽光碎片，皮膚微微刺痛。

感冒

春天多病。不論什麼病根子，一到了春天，就都發起來了，疾病的芽子從身體裡不斷冒出來，冒出來，疹子和瘟病，跟花草一樣，猛長。

我自己算過，一年內我大約會感冒四五次，其中兩次必定是在春天，一次在春分之前，一次在清明之後。

春天患的感冒通常不像冬天的那樣險惡，不會燒得要死要活，也不會咳得掏心挖肺。春天的感冒就是小小的病，淺淺的燒，微微地咳，輕輕的暈，彷彿

也是一種傷春的形式。

微燒的時候，沒辦法看書，也不想躺在床上，我會拖著一條米色的毛巾被躺到沙發上看電視。捲著這條米色被子，在沙發上躺成一條，我就特別感覺自己像是一條瑞士捲，剛出爐微熱的，晾在那裡等它降溫。

稍微好一點，可以四處走動的時候，我喜歡找出某件灰鼠色的棉質外套穿上，那外套的棉因為多年來不斷摩蹭，變得異常柔軟，又薄，灰得模糊，袖口和下擺的縫線也都散了，可是我喜歡那鞣皮似的觸感，像是自己的一層皮。只要一生病我就穿上它，摩挲它，在家裡走來走去，覺得自己是一隻皮塌塌的閉關的田鼠，拖著尾巴在洞穴裡蹣跚踱步，日子很安全。

再好一些，可以做事了，我會煮一鍋白粥，慢慢吃一天。感冒時喝的白粥是無上的幸福。小時候發燒，媽媽煮的白粥又軟又爛，黏搭搭的冒煙，白磁湯匙舀一勺，細細吹了又吹，謹慎啜著，比吃藥還更小心。

感冒的日子是生活的空格，在空格子裡大家都得慢動作。就這麼被疾病賴著

好幾天，那些本來非在今天完成不可的事情都露出了底細，它們其實沒有那樣十萬火急，空個兩天，根本無所謂。

這種持續不舒服卻又不危及生命的小病痛只能一點一點地養，慢慢飲食，沉沉睡眠，從日常作息急流勇退，在家裡躺著，睡著，打盹，鼻塞使呼吸變成一種惱人的功課，聽自己呼嚕呼嚕的呼吸，感覺身體微熱的存在，緩慢但濁重，每一分每一秒都確實存在。

有些時候發燒實在難受，醫生也看了，藥也吃了，能做的也不多，除了投降躺平之外，根本沒有別的辦法。別無所求，一起一伏的呼吸，腦子同時又沉又空，燒得咕咕冒泡，什麼念頭都像泡沫一般不長久。整個人像身體裡的病菌一樣，變成了一種很單純的生物。

偶爾在床上翻動，咳嗽，起身，感覺全身每一個關節的酸疼，摸到廚房倒一杯熱水，乖乖吞一口，再一口，回床上躺著。也只能這樣，經由病痛感覺自己活著。病去如抽絲，一點也急不得。

這樣等，這樣熬，漸漸因為疾病而更了解生命的起落，體會活著的狀態，也算是身體和精神的學習了。

中藥房

吃中藥是難受的事，可是因為我喜歡那個中藥房，所以每次去抓藥都很高興，總會想法子在那裡坐久一點。它就是我想像裡一個中藥房該有的樣子，大大的木招牌是顏體楷書浮雕霧金的甚麼甚麼堂大藥房，會叫作「大」藥房，也顯示了它是從某個早遠的年代就開業了，在那些年代裡，「大」不只是一種規模，也是一種氣派和宣稱。

這藥房其實不算大，磨石子地，內間似乎很深，它不像一般的中藥房那樣陰涼微暗，而是很開闊敞亮，一邊有原木橫切面的大茶几和茶凳，還有張青灰

的大理石案，另一面則是高闊的玻璃櫃台，後面烏木亮漆大櫃子，做了好幾排小抽屜，抽屜上貼著白紙端正小楷寫「茯苓」、「菟絲」、「白芍」、「丹皮」、「何首烏」這樣詩意的名詞，單從字眼上看，就覺得暖苦而辛辣。邊上又放了好幾只大玻璃罐，裡面秩序堆放各式人參和冬蟲夏草。

我喜歡這個地方因為它寬敞整齊一絲不苟。當歸在「當歸」裡，防己在「防己」裡。藥房若是小而擁擠或是凌亂，就讓人覺得左支右絀，藥嚐起來就特別苦，彷彿太儉省刻苦的心情也熬進藥湯裡了，滋養療效就覺得不夠了。這個藥房給人氣派豐足的感覺，它藥材這樣充裕來自大江南北，煎出來的藥就不會苛嗇這幾兩幾錢的用料。我想像中胡雪巖的慶餘堂應該也就是這個模樣再大上好幾十倍吧。

藥房人手眾多，但藥房的女兒是一看就知道的。她也許不到廿歲，每天在櫃台後面幫忙，拿著一只大算盤。她也是我想像中一個中藥房女兒該有的樣子，就該有這麼一頭黑而亮的長髮，就該有這樣一雙乾淨清澈的大眼睛，就該講話這麼清楚輕柔，內內外外都是老派的調養和家規。她想必早已習慣這微辛微苦的氣息，想必也知道感冒受涼時該熬甚麼喝，肝火大時該抓甚麼

藥。她大概也時常喝菊花啦紅棗啦這些湯水，看起來氣定神閒的。

她拿藥包給我，交代了服用的方法，俐落地將藥包疊放在塑膠袋裡，扭一圈，打個結，爽利遞過來，非常肯定而乾脆，像是確信不論是甚麼病終究一定都沒事的樣子。那一剎那她看起來就還是個孩子，甜得很，彷彿那是一籃奶油餅乾。

清水亭與還魂沙。

在夏天的山裡。平坦的休憩處積滿清澈的水，涼亭和遊戲場都在淺淺的水裡，水上透亮耀眼的綠光倒映天空的雲。

一個老爺爺對我和另一個陌生人說：「這是個好地方，把褲管捲起來吧。」於是三個人都捲起褲管站在水中。

我坐到不遠的涼椅上，涼椅比水更涼，我把腳泡在水裡，突然想起，我是被某件事物追趕著，但忘了是什麼。我想：「既然如此，這亭子積滿清澈的水也於事無補吧。」

然後苦澀的香氣從林間小徑飄來，那氣味是淡黃色的，像百合的花粉。我漸漸什麼也看不見，昏沉沉地死了。

我死了之後聽見有人不斷掘土，沙子紛紛掉到我身上，令人惱怒。我希望他不要再掘了，於是我忿恨地說：「不要再跟我提到沙子。」

說了這句話，我就在懊惱中活過來了。

寫作的理由

時常有人問我，在學院裡教書好好的，為什麼要寫作呢？當然，對於這個問題，我的答案從幾年前的「個人興趣」演變至今已經相當複雜了。我其實難以回答：如果只是個人興趣，或如果只是個副業，何以堅持如此。但是我也非常不解，為什麼在我看來不相牴觸的學術和寫作，在學院主流的眼中竟是風馬牛不相及，甚至不可容許。

其實，我想這個問題事先假設了學院研究和寫作是相悖的，而且也假設了寫作似乎是損害多於益處。這樣的質疑有些是從績效的計算出發：如果有時間

寫作，為什麼不多寫一點論文累積學術績效呢？有些則是來自個人關切：同時做學術和寫作兩件事，會不會分身乏術？有些甚至是嗤之以鼻：寫作是年輕人的虛榮，你該長大了吧？這樣說的人通常還會好言相勸：你要「聽話」一點。意即，寫作的人其實是不聽話不服從規範的人。

這些問題認為論文是正面的生產，而寫作則是損耗。在餘暇從事的活動如果一樣也是寫字，最好還是寫「有用的字」——此處的有用或無用是以對體制有無實質貢獻作為判斷的標準。

我寫散文是從研究所時期開始的，當時寫的文章多是日常瑣事。在那個寂靜的美國中西部城市裡，孤單成為無法消弭的難題。我忽然有了雙重視野，從既不是自己也不是他人的立場回想台北，我經驗了文化差異，因而理解了己身所從出的東亞社會的紋理，我感知了身上的文化刻痕，也更明確地看見了那不在場的、鄉愁的、台灣的事物。然而，偶爾在寒暑假暫時回到台北，我又有一種局外人的心情，總覺得自己沒有真的回來，彷彿卡在某個第三處的夾層裡，我一隻眼睛看著外界，另一隻眼睛卻格格不入，從他處看見我自己。

多年後我回頭看那些文字，逐漸辨識出那些幾年突然湧現的「想要寫點什麼」的欲望，是陌生的異國作為對比參照而折射出來的「自身再發現」。

台灣的學術圈在這幾年發生了一些制度上的改變，從前那種「知識份子應有社會關懷與文化素養」的認知在一波標準化制度化的風潮中退位了，取而代之的是學科的量化評量。當前的知識狀況是，專業表現的定義窄化為論文發表的數量。同時，在專業主義之下，文化範疇也逐漸受到實用效果評估的侵蝕。學院內的「專業主義規則」以業績評量造成規馴壓力，使得學術體制的價值規範不僅在學院內部場域進行，也在從屬者的生活中進行再生產的整編。學者在專業以外的社會參與和其他非專業活動漸漸被貶為人力浪費。這樣的學術趨勢不僅發生於台灣，我想，在其他社會也同時進行著。

身在以社會科學為主流的傳播學術圈，我發現寫作逐漸成為令人尷尬的「休閒活動」。曾有學生問我，如果她也想要從事寫作，該怎麼進行。有時我會頹喪地勸告，如果沒有非常堅定的寫作理由，還是不要寫吧。多數的時候我只能據實以告：社會科學排斥並且害怕無法計算的思考方式，學院制度不鼓勵論文以外的寫作，你就寫到不准寫的那一天吧。

其實我非常明白一個研究生在大量讀書思索的狀況之下會產生寫作的欲望，這是一個人在面對內在的激盪和革變的時候需要處理的能量，是自我轉變的時候產生的對話與訴說。這種思索的能量未必能成功轉化為論文，但是寫作可以讓這種對話的渴求得到釋放和整理。有時這種訴說無目的，寫作也無目的。但這便是學院無法容許的空間了，無目的的文字生產被視為時間和人力的浪費，即使是餘暇的時間也一樣不容許虛擲。為了回應體制的質疑和規範，一個人想要寫作，必須為自己寫作的原因提出足夠的解釋，也要營造足夠的寫作條件。也就是說，在學術研究之外兼顧文學寫作的條件，取決於保持定期定量的論文生產、與制度周旋的決心、以及回應專業質疑的能力。

此外，我們實在不能視寫作為損耗，我想它其實是正面的培力。有什麼比寫作更能將這些看似干擾的制度壓力都轉化為微妙的助力呢？在一個寫作者的眼裡，這些擠壓拉扯碰撞著的力量，直接或間接地形成文化的夾層，夾處其間，一個人明確感覺自己成為異類，成為他人眼中不可解之人。這種無處安歇的他方狀態使人必須保持警醒，看清周遭的環境，時時感知格格不入的差異，這樣的人無法只是「聽話」，因為「聽話」意指沉默屈從，寫作者使更多對話的能量和欲望從這種邊緣狀態中產生了。

也許格格不入的差異是寫作的培力要件，如果沒有差異，對話從何產生呢？所以，為什麼在學院裡好好的，卻想要寫作呢？我想是因為我還處在想要說點什麼的游移狀態，我想那仍然是「他方」，是對比參照差異而折射出來的「自身再發現」。

寫作與言說的零度寂寥

剛剛開始寫作的那幾年，出於自發創作的文章其實很少，邀約的稿子和評論則非常多，幾乎佔去了多數的寫作時間。我當時非常擔心這狀況，但因為臉皮薄，根本不知道如何拒絕邀稿，因此總是七拼八湊騰出時間來勉力寫了。

現在想想，覺得當時膽子忒大，心眼也忒老實，竟可以輕易就將各種不成熟的傻念頭寫出來給眾人看，那麼毫不保留也不害怕，放開自己滔滔講述——現在絕沒有那個膽子了。現在寫東西總是瞻前顧後，盡力控制詮釋的可能。或者就乾脆寫非常模棱兩可的句子，盡量使文意模糊曖昧，以免惹禍。可

是，文章貴誠，一旦失去那種天真無懼的態度，就再也放不開了。如今下筆時總想著各種解讀的可能，處處防備，太謹慎、太老練或太通達，看起來就很隔。從前還時常覺得自己不夠誠實，不夠開放，豈知其實初生之犢的笨拙魯莽正是難得的誠實。那種不論是為了邀稿或自己創作都能真心真意坦然面對世界而寫的純真心情，只能出自沒有經過風波和挫折的新人。

後來我偶爾會接到演講邀約，大概都是「都會散文」或「空間書寫」等等主題。剛開始我很高興地答應了，因為演講不同於平日的上課教學，可以獨自講述完整的想法，聽者沒有成績負擔，講者也沒有評分責任，我以為這樣的溝通方式更開放也更自由。何況，講散文或寫作總比在學術研討會發表論文有趣得多了。

然而我漸漸發現，正因為演講是開放的情境，對象是全然無法預知的群眾，彼此無明確的連結，因此它的溝通狀況既單向又無羈。面對群眾的時候，全場無聲的眼睛深不可測遙不可知有如沉默的夜空，所有的訊息被那寂靜的觀望吞沒，我彷彿看見每一句話都化為虛空，每一個念頭都消解無形，每一個說法都在說出的當下成為另一種意思，都不夠精準，不夠完整，從我口中脫

逃，導向更多的誤解。我明知文本意義的開放與歧異本就無法掌控，卻偏偏為之苦惱。

寫作和演講正如寄出寫滿話語的明信片，我必須相信收到的人能夠明白，否則這一切多麼徒勞呢。明信片沒有寄送人的地址，只有收信者的地址。它是單向的問候，即使寄丟了也沒有原址可退。它是一去不返的致意。寄送明信片的人不期待回覆，也沒有人會真的回覆一張明信片。送出的當下寄送者便失去了這些話語，我不知道它是否完整，我也不知它是否寄達，更不知道收信人是否看得懂。認識我的人也許懂得，但素昧平生的人究竟從中看見或聽見甚麼呢？他們是否充滿誤解或敵意？他們是否看見別的說法？他們是否失望不屑？他們是否在真心裡看見偏見，在誠實裡看見傲慢？他們是否因成見和歧見而心生憎恨甚至鄙視呢？我寫得夠清楚嗎？我在無意中露出破綻嗎？我的語詞安排和表現無懈可擊嗎？

這些真是不能想，一旦開始擔憂，就下不了筆也開不了口了。有一陣子我無法對任何群眾談論寫作相關的主題，也無法寫出心中真實的感受，我只感到恐懼。寫作使我偶然瞥見了某個習以為常的真相——寫作揭露了生命的本質

即是孤獨，人終究是獨自面對廣大的未知，文字或語言均無法穿透亦無法企及他人。我在這裡，他人在那裡，自我與他人的差異陌生不可知。這即是「他者」，我親身體悟了這個概念的反噬與威脅。對他人發言，就必須面對不可能穿越或弭平的差異，以及隨時都可能被那靜默吞沒的無助。寫作者一旦失去對文字的信仰，對他人失去信心，無法相信良善、包容以及開放的閱讀與傾聽，也就失去了寫作的能量和勇氣。

這真是萬分尷尬，我彷彿是一只怪異的螺絲釘，有時鎖不緊，一不小心就脫序了，有時拴不進位置裡去，卡著，進退兩難。

我終於理解了寫者寂寞這說法，渺渺人世，除了心中的這點念頭和想法，誰都無言以對。在生活的硝煙和喧囂之中，在震耳欲聾的網路上，寫作顯得多麼徒勞沉重，多麼荒謬。而談論寫作又是如此不合時宜，對著陌生人夸夸而談文學理念，也真不知天高地厚。

在徹底認知寫作與言說的零度寂寥之後，我漸漸從這令人氣餒的意義廢墟和寫作的僵局中嚐到解放和自由了。寫作和言說本身內涵種種矛盾，誰的文字

不假設寫者的缺席呢，誰的話語不假設言者的沉默呢？這何其虛妄。

但也正因為話語從未抵達，正因為聽者未聞且作者已死，因為文字的無效與符號的漂移，因為意義是任意且專斷獨行的（我喜愛這個說法），我只得讓它們好自為之，任其自在攀爬衍生，有誰經過看見，隨手採摘，也就夠了。

白髮、青草。

到山裡拜訪某個白髮蒼蒼的老太太。遍野雛菊的山坡，每一枝花梗都被山風吹彎成很美的弧度。小屋旁的灰石上坐著一個長髮女人穿黑紗衣，她起身慢舞，唱一支低緩的爵士曲子。在夢裡我很熟悉那曲調。

但那是開學日，我必須趕到新學校註冊。學校在另一個斜坡上，很老的新英格蘭式紅磚樓。斜坡草蒼蒼，長及膝。我不知該往哪裡走，山風中惶然四顧。幾個穿深藍斗篷的人跳出校舍窗子，帶我穿過草坡去上課。

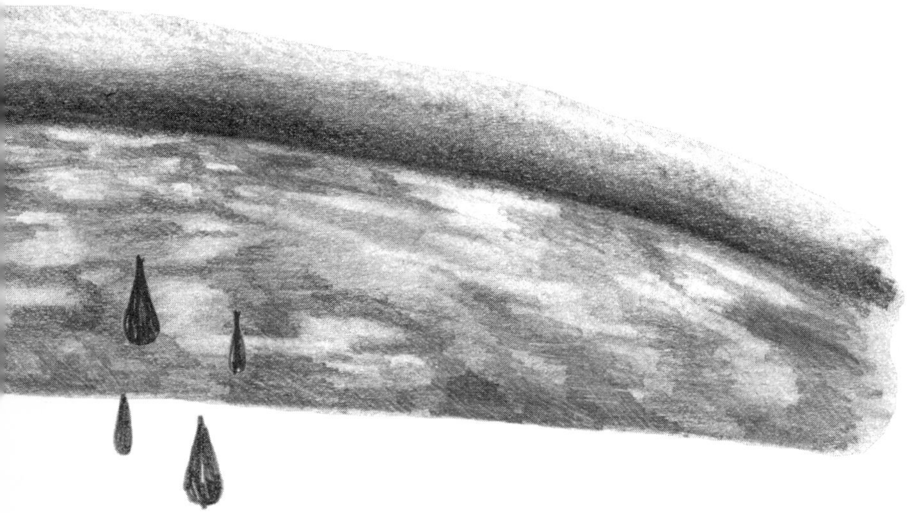

在密林中

當一個寫作者著手書寫時，他需要什麼呢？也許他需要熟悉的紙和筆，那是他在文字的汪洋中漂浮的救生舨，牢牢握住它們，便是握著浮升的希望。也許他需要熟悉的電腦鍵盤和螢幕介面，也許他需要絕對的安靜，或是某種亮度的燈光，或是音樂，或是某張桌子，某把椅子。

這些是一個寫作者安定心神的方法，以集中他的心智，脫離當下的世界與現實，進入另一個浩渺的意義空間。在那裡他完全面對自我，像一個森林中的湖泊祕密地對天空敞開自己。他審視自己內裡的念頭，他作出選擇，拆解，

重組，也許他感到滿溢，也許感到貧瘠。語辭和符號環繞著他，他向內心深處沉潛，他擷取迷離的幻想，話語的珠貝，然後，他徐徐釋放自己。這是一種探測，即使處於極大的恐懼，也別無他法，寫作者緩緩舒捲，如同水草，張開自己，讓自己流出，無法掩飾或遮蔽。

一個寫作者需要想法、說法、看法、意象、幻想、感覺、情緒，乃至於一段迭宕起伏的敘述，一個意味深長的教訓，一個扭轉世人的方向或一組邏輯精密的論證。他需要一個天啟般的靈感，這個靈感必須強烈耀眼得足以喚醒他，驅使他從平日的和緩狀態中緊繃起來，進入凝斂專注的寫作過程。他需要一個漂亮的句子或絕美的視象，一個絕頂聰明的點子，它們響徹他的腦子像清醒的風鈴，他時時聽見召喚，他全身充滿這個句子，無法捨棄；它們浮現他的眼前像天使的行列，他無法別開臉去，它們成為執念。他必須寫下來寫下來寫下來——唯有寫下來他才能暫時平靜。

於是寫作者坐下，將所有的這些化為文字。但文字是多麼機巧的心智遊戲啊，文字滑溜而敏銳，它像難以捉摸的水銀，閃亮並且四處滾動流洩，狡猾地從指縫中不斷溜走，四散在紙張上，不成篇章。

然後他審視這些寫下來的句子，它們一旦落在紙上便失去了星辰般燦爛的光芒，變得平庸無奇像一本流水帳上的麵包屑。有一些殘缺的句子也許還兀自婉轉發光宛若寶石的碎片，但已經寫就的那些如此陳腐，他實在不知道原有的靈光哪兒去了，那些驅使他奮力疾書的念頭為什麼這麼禁不起琢磨，為什麼在心中四處浮動的想法和視象如此鮮明而且強烈高漲，可是化為文字之後它們便失去了生命，它們不再與寫者成為一體，它們脫離了他，化為一串符號，就少了感動和張力，儘管有句法結構支撐，依舊乾燥扁平稀疏，單薄得可憐。

於是寫作的時候，一個人勢必經歷自我的消滅——將一切滾滾擾動的內在覺知化為語辭，將朦朧顫抖的感官化為清楚的，有範疇的，字。這是一段固著的過程，也是抹除的過程，原本充滿自我情感的生命痕跡就在這個過程裡漸漸地消退了，那些難以言說曖昧不明的感覺便隱藏在某些段落裡，甚至被抵銷了。

（在非常偶然的狀況裡，另一些原本不存在的意涵突然隨著字義而浮現，在文字的撞擊後顯得異常的華麗尖銳，或異常的深遠遼闊——這是詩的意外。）

但這也是自我的重新構築，儘管寫作者體會了潛藏的瘖啞和隔閡，他也只能繼續放開自己，即使他不知道終將成為何種形貌，不知道方向，也只能藉由他所能觸及的內心的枝蔓前行。偶爾會有極為順暢的小徑，但一個新的題材就是一處陌生的林子，即使仰賴明確的章法結構，嘗試一種新的取徑便是一種新的直覺探測。

所以寫作者在自己的思緒裡迷路是難免的，為自己的文字誘離方向也是常見的。更常見的是所有的張力和感動在化為文字之後蕩然無存。或者，這些作品變得崎嶇晦澀，並不向誰訴說任何事物，徹底的失去了言說的能力。這記載的其實是寫者的蹣跚與孤單。

即使如此也還是只能繼續向深處走去，將自己投入那未知的廣大之中——逼近那尚未被言說也未被觸及的感覺和念頭。在自我的密林裡，到底能走多遠呢？寫作者能消亡幾回？有時他陷入懷疑這不過是一場愚行，有時他盲目地堅信盡頭必有光。他在這孤寂的密林裡又感到絕望，同時也感到莫名的狂喜，他摒棄了世界，在這個只有自己明白的探索裡找尋靈魂，以及那也許會也許不會出現的靈動。

只有在非常偶爾幾如天寵的狀況裡，一束奇異的光線穿透他，文字從身體傾洩而出，流淌成一道溪流，輕快、愉悅、自由，下筆如有神，文字飛躍四濺如水花。他放任自己一路激越奔流，直到一種奇特的力量融化他與文字、語言、事物、聲音以及所有感官的界線。

是了，就是這裡。這就是那個森林中祕密對著天空敞開自己的湖泊。

文學叢書 311

浮生草

作　　者　柯裕棻
總 編 輯　初安民
責任編輯　丁名慶
視覺設計　蔡南昇
美術編輯　黃昶憲
校　　對　丁名慶　柯裕棻

發 行 人　張書銘
出　　版　INK印刻文學生活雜誌出版有限公司
新北市中和區中正路800號13樓之3
電話：02-22281626
傳真：02-22281598
e-mail：ink.book@msa.hinet.net
網　　址　舒讀網http：//www.sudu.cc

法律顧問　漢廷法律事務所
劉大正律師
總 代 理　成陽出版股份有限公司
電話：03-3589000（代表號）
傳真：03-3556521
郵政劃撥　19000691　成陽出版股份有限公司
印　　刷　海王印刷事業股份有限公司

港澳總經銷　泛華發行代理有限公司
地　　址　香港筲箕灣東旺道3號星島新聞集團大廈3樓
電話：852-27982220
傳真：852-27965471
網　　址　www.gccd.com.hk

出版日期　2012年 1月　初版
2012年 2月 25日　初版六刷
ISBN　978-986-6135-65-1

定　價　260元

國家圖書館出版品預行編目資料

浮生草 / 柯裕棻著.
--初版, --新北市中和區： INK印刻文學,
2012.1　面；　公分.（印刻文學；311）
ISBN　978-986-6135-65-1（平裝）
855　100021796

2013.08.26 購於敦南誠品台北

陳德容